U0916039

话里有话

语词文化笔记

黄耀红◎著

CNS 湖南教育出版社

语词是文化的密码

不只是那堆积在词典里的标本
不只是那缀在教科书里等待死记的注释
不，那些都无法展示你的美丽
语词，如生命的精灵
涵气韵，长精神
在幽暗的时光深处
眨着一双深邃的眼睛

不只是那横竖撇捺的方块组成
不只是对于世界的指称
不，那些都无法承载你的丰富
语词，如文化的密码
载历史，绘世相
在一个古老的国度
抵达文化的最深层

目　录

第一辑　超的背后是守

这不是一个散步的时代，而是一个奔跑的时代。

每个人都像逐日的夸父，永远都有赶不完的前方，永远都要刷新，都要重启。是我们在追赶新潮，还是我们被这个以“超”为表征的时代追赶着?

因为急着追，急着赶，急着“超”，所有的静思与凝望都显得不合时宜，所有的等待与坚守都显得边缘化。

我们在“超”的名义下奔跑，失去了对家园的回望。

我们实际上成为一群精神流浪者。

周末休息是常识，闲暇出智慧是常识，身心健康第一是常识，劳逸结合是常识，崇善趋美是常识……然而，你看看，当下的教育，孩子天天补课天天作业。遇到学校受检，还不得不帮着学校作假造假，这是不是有悖于常识？我们能拨开重重灰幔回到常识吗？

回到常识

就像月有阴晴圆缺，人有悲欢离合一样，常识就是不证自明的公理，就是最普通的共识，最基本的识见，最起码的知识。

常识唯其寻常，唯其基本，才如空气一样。存在，却鲜为人言说与感知。

人们似乎从来就不愿在常识这里多作片刻停留。常识永远在那里，它拥有绝对理念的资格，却经常享受不到绝对的地位。非但享受不到，还经常被众多无视理性者涂抹、粉饰、歪曲甚至践踏。

常识被践踏的时候，要么在无知与狂妄中苦笑，要么在死寂与沉默中昏睡。

很多时候，背离常识的幅度之大、效应之奇超过我们的设想。

种地的农民不可能不知道稻田的亩产吧？然而，“亩产三万斤”这样的“神话”居然白纸黑字地写在中国最权威的报纸上！这样的事，发生在并不太远的几十年之前；学校教育以教学为中心，这是常识吧？然而，我们曾一再声称：阶级斗争永远是教育的中心，这样的口号也才过去几十年……

诸如此类的“极大反常”居然都穿着常识的外衣招摇着，重复着。多少年，被那么多嘴巴，那么多文件，那么多会场重复过、书写过、传达过。

生活中很多常识，琢磨起来特别有意思。

人之为人，就在于他有思想，这是常识，对吧？只要承认你是人，就等于承认你有思想。然而，在寻常对话中，我们谈论谁谁谁有思想时，那绝对是一句了不起的赞语。

“他是个有思想的人!”这是哪门子赞扬呢？难道别人没有思想，他因为有思想而稀贵吗？有“没有思想”的人吗？“思想”都没有了，还能叫作“人”吗？

“太有思想了!”这说法同样如此有悖于常识，却又如此强烈地发挥着它的话语效应。

什么时候“有思想”才是了不起的品质呢？只有在绝大多数人都习惯于“思想缺席”的情况下方显出珍贵。或许，正因为“没有思想”是常识，“有思想”才是卓尔不群的表现。

对于教育来说，回到常识，似乎是一种必然，无须作为重要理念来标举吧？然而，不，回到常识并不容易。

就像一个书桌上堆的重物太多，桌面已弯曲变形，要回复常态，还有待强有力的矫枉之策。

周末休息是常识，闲暇出智慧是常识，身心健康第一是常识，劳逸结合是常识，崇善趋美是常识……然而，你看看，当下的教育，孩子天天补课天天作业。遇到学校受检，还不得不帮着学校作假造假，这是不是有悖于常识？我们能拨开重重灰幔回到常识吗？

到底是什么力量让我们偏离了教育的常识？

读中学的时候，我们学过自然常识、生理卫生常识、政治经济学常识，那都是作为最基本的知识来吸收的。为什么新中国教育60多年了，还有这么多不顾常识的地方？是不是要给教育官员、校长、教师进行常识启蒙？

显然，我们不是不知教育的问题，不是不知它悖于常识，而是，我们发现问题的成因不是一种或多种，它几乎是全方位的问题。正如一辆车，若只是轮胎坏了，或发动机坏了，或某个部件坏了，我们很快可以修复。如果是整个车都坏了，那显然难以修复。即令修了，方向依然可能跑偏。

什么时候，诸如“有思想”“有头脑”之类的赞语成为一句废话？

什么时候，我们高深的教育理念能成为全民的教育常识？如果有那么一天，我们就总算拥有了常态的教育，而不是变态的教育。

或许是“超”得太多了，我们忽略了路上的美丽。

精神世界开始荒芜，因为我们没有找到一棵可以倚着看云的大树，没有真正的心灵交流。

我们在热闹中孤独着。

超的背后是守

语词其实跟人一样，平日里那些不显山露水的，可能一夜之间就红遍了大江南北。

你看，那么多泯然于众的语词，那么多于词典中沉睡经年的语词，忽而撞着某一种历史语境，便如神助，化作飞舞的文字精灵，眨着满眼的灵性，泛着宝石的幽蓝。

很多时候，我们不得不对司空见惯的一些语词刮目相看，正如丑小鸭似的邻家小妹忽然变成秋水伊人，亭亭玉立。

比如“超”。

那么多语词如同春日的花树，灼如夭桃者何止万千，有谁会对这个“超”字刮目？

超者，超过、超越也。与“超”相连的历史印记，或许是大跃进时期的“亩产超万斤”，是黄宏、宋丹丹的“超生游击队”。很长很长时间，“超”仅仅沿着“超过”这条语义的轨道轰隆前行，并没有更多的语境适合它的存在。

然而，不知从什么时候开始，“超”的构词能力变得空前活跃，恍然一个魅力四射的“语词明星”。

“超”是什么？就是超出预先的界定与约定，预设的观念与思想，预定的轨道与方式。世界发展变化的节奏是如此迅疾，推陈出新只在转瞬之间。太多太多旧的边界、旧的框架已容纳不下新的变化，新的趋势，新的形态。

如何在“旧”与“新”之间找到最妥帖的过渡呢？最好的指称便是“超”。既显出它源自怎样的旧概念，又显示它不同于某个旧概念。“超”是对一切未确定之“新质”的暂时命名。

文本一般是由文字构成的，若是由电子形态的音像构成的文本如何称呼？当然是“超文本”；一般链接是简单的，若借重科技手段的链接，谓之“超链接”；比前卫更前卫的，叫“超前卫”；比时尚更时尚的，叫“超时尚”；比酷更酷的，叫“超酷”；比前沿更前沿的，叫“超前沿”；比爽更爽的，叫“超爽”……

在所有的“超”语之中，论声势之强劲，蔓延之迅捷，莫过于“超女”。这个透着泛娱乐精神的传媒制造物，如迁徙而来的鸟群，呼啦啦搅动着语词的森林。

“超”的过去那般沉寂，“超”的今天又如此显赫，这里到底隐藏着怎样的文化密码？

我们身处的这个时代以日新月异来描述似乎尚不足以表达它的变化。手机、电脑、汽车、电视及所有的科技产品，人们的消费怎么都赶不上产品升级与更新的速度。根本用不着三年五年，三月五月，甚至三天五天，就会有新产品问世。有形的电子产品如此，无形的思想观念，何尝不是这样？不读书，不上网，不跟朋友交流，用不着三月五月，你就 OUT 了。

在旧的尚未退出、新的已然来临之际，我们甚至还无法具体为“新产品”“新思想”提供“新”的命名，而只能匆匆地以一个“超”字作为前缀来笼统概说。

超自然，超时空，超生命，意味着自然之外、历史之外、生命之外存在着另一个迷蒙的世界，一个未知的世界，一个不可言说的世界。

然而，如此泛滥的超言超语，是否也在倾诉着我们这个时代的文化无奈呢？

超，超，超，仿佛一觉醒来，我们就赶不上这个时代。这不是一个散步的时代，而是一个奔跑的时代。每个人都像逐日的夸父，永远都有赶不完的前方，永远都要刷新，都要重启。

是我们在追赶新潮，还是我们被这个以“超”为表征的时代追赶着?

因为急着追，急着赶，急着“超”，所有的静思与凝望都显得不合时宜，所有的等待与坚守都显得边缘化。在“超”的蛊惑下，理念在不断更新，空间在不断扩张，品质在不断升级，我们自身的家园呢?我们的精神风景是不是成了一道“超精神”的风景?

就像那下山捡包谷的猴子，我们在“超”的名义下奔跑，失去了对家园的回望。我们实际上成为一群精神流浪者。

或许是“超”得太多了，我们忽略了路上的美丽。精神世界开始荒芜，我们没有找到一棵可以倚着看云的大树，没有真正的心灵交流。我们在热闹中孤独着。难怪“贾君朋，你妈妈叫你回家吃饭”这样的帖子，被无聊地跟到几十万。

这何尝不是这个“超”时代所暴露的精神黑洞!

什么时候，我们不急着“超”，而拥有一种“守望”的眼光呢?

“工程”这个词，或许天然地排斥某些东西。灵感不可能是工程，直觉不可能是工程，思想不可能是工程，文化不可能是工程，教育也不可能是工程。

当教育者将教育当工程，当学者将学问当工程，当官员将“政绩”当“工程”的时候，我们这个社会就不可避免地走向短视与功利。

工程这个词

袭用某个语词，其实是袭用某种思维框架，某套价值体系或行为法则。

比如“工程”。

哪些意象能描述这个语词带给我们的直觉呢？在我的经验里，与“工程”相连的是脚手架，是在建的楼宇、在挖的隧道、在修的防洪大坝，是溅着火光的焊接，是推土机的喘息，是忙碌的安全帽……

工程，似乎从来就是从无到有的崛起，就是以“百年大计”为名的征服、改造与建设。唯其如此，当我们宣布要做一项“工程”的时候，往往意味着目标的切近与可控、体系的完备与严谨、成果的具体与可观。

当然，工程远不只是房屋、地铁、移山填海之类的浩大举动，它还是一个学术语词。

工程院、工程师、工程系，甚至还有更尖端、更前沿的生物工程、遗传工程、核工程、航天工程……

与工程毗邻的是技术。没有技术作支撑，工程永远只是构想与图纸。

技术的背后当然是建设者，是“人”。与工程相关的人群大致是两类，即出思想的工程师和出技术的建设者。若没有知识与学问作支持，“工程”只会停留于地表，停留于简单的拆除与兴建，而不会进入微粒子世界与神秘的基因世界。

这么说来，“工程”其实是个透着汗水的语词，值得亲切注视的语词，并没有什么异样。

然而，不知从什么时候开始，“工程”已然极度泛化。

当下，满世界都是工程，都是计划，都是图纸，人生的隐喻不再是汹涌的大海，而是一项接一项展开的“工程”。

在千人一面的官样文章里，事件之步骤随时都可能被冠以“工程”。“希望”是一项工程，“眼睛复明”是一项工程，“中小学德育”是一项工程，“校园文化建设”是一项工程……形形色色的工程都被赋予了特定的代码，如“54321 工程”“百千万工程”，等等。

每一种被称之为“工程”的事件，无疑都找得到神圣的理由，找得到毋庸置疑的辩护。此处姑且不论。只是，当人们以太多的“工程”来指称教育过程的时候，这里所透露的恰好是一种并不美妙的工程思维。

何谓工程思维？即强调目标切近、步骤划一、成果显性、效率优先的思维方式。这种思维方法对于以车间、流水线、拼装和组接为表征的现代工业极其适切，然而，它与花草树木的生长、与文化的濡染和渐进，与教育的缓慢化育相适应吗？

你可以说植树造林是一项工程，然而，难道说在庭前种花也是一项工程？你可以说计划生育是一项工程，难道说新婚夫妇生个孩子也是工程？

“工程”这个词，或许天然地排斥某些东西。灵感不可能是工程，直觉不可能是工程，思想不可能是工程，文化不可能是工程，教育也不可能是工程。因为，它们都是隐性的、情感的、模糊的，而不是显性的、逻辑的、清晰的。

当教育者将教育当工程，当学者将学问当工程，当官员将“政绩”当工程的时候，我们这个社会就不可避免地走向短视与功利。

我们总是情不自禁地将“关系”的含义特定化。

它专指生成于权力、血缘、地缘等基础上的人脉。“关系”不是用来言说的，而是用来“拉”的，用来“经营”的。

就这样，“关系”如此玄奥而悠远的哲学语词彻底堕入世俗的泥淖。我们连同它一起，深陷其中而不能自拔。

关系如何说得清

在汉语里，关系这个语词始终带着拈花式的神秘微笑。

触手可及，却又深不可测。

其实，词典里的“关系”正如标本室里的动植物标本，虽然来自生动的生命世界，但它不再是生命。因此，“关系”被频频地挂在嘴边，却没有人迂腐地将“关系”作为一条词语解释来记诵。

自从开天辟地有了人类，有了人类有意识的活动，有了人类的语言、文字和文化，“关系”就此产生。无人即无关系，无语言亦无关系表达。

亚当与夏娃之间存在着爱与性的关系，人类与自然之间存在着探求与想象的关系，山川河海之间、风雨雷电之间、自然万象之间莫不存在“关系”。即令今天，我们对世界的描述依然逃不出人与自然、人与文化、人与人、人与自我的关系框架。换言之，整个世界原来就是一个关系世界。用马克思的哲学话语讲，世界是运动变化的，又是普遍联系的。

联系者，关系也。从这个意义上说，关系这样的语词富有哲学本体论意蕴。生命存在，原来是一种关系性存在。

将“关系”极度放大，这个语词便具有了九万里风鹏的俯瞰视阈，它所带来的将是以对话代替独语，以过程探究替代选举本质迷信的整全性思维方式、行动方式和话语方式。

没想到“关系”竟有如此海纳万象而又大象无形的魅力！宇宙、人生、世界、生命、文化，所有宏大的语词都被关系一网打尽。

关系作为名词，能指的对象实在无法穷尽。

我与你，可能存有朋友关系、工作关系、业务关系、家庭关系、婚姻关系等；我与天地，可能存有认知关系、生态关系、命运关系等；我与文化，可能存有继承与创造的关系、滋养与化育的关系。

在这里，“我”与“你”显然不再是具体的个体，而是抽象的符号，正如以 a 与 b 代替具体的数字一样。此时，世间的关系，可以简单地转化为我与你的关系，我与他的关系。

关系究竟有多少？依然说不清楚。与其问这世界到底有多少关系，不如问这世界到底有多大。“世界是普遍联系的”“人是社会关系的总和”——有了马克思的这两句话，我们足可想象关系是何等宏阔而无垠。

关系又是一个动词。关系是一种怎样的动态呢？于关节处系一根绳子或纽带，此即关系。可见，关系一定存在于需要维系、需要连接的紧要处。这种意象式理解，非常耐人寻味。在“此事关系重大、关系国计民生、关系前途命脉”等言说中，关系恰如一根巨缆维系；而在“对不起，没关系”等言说中，关系貌似不敌蛛网。

英文中，与关系相对应的单词大致是 relation。然而，恐怕英文中的 relation 远不像汉语中的关系这般曲径通幽，这般狐媚闪眼。

我们总是情不自禁地将关系的含义特定化。它专指生成于权力、血缘、地缘等基础上的人脉。更多的时候，关系不是用来言说的，而是用来“拉”的，用来“经营”的。与关系相邻的语词都有着欲说还休的朦胧与含蓄。比如，“后门”与“背景”。还有，当关系用来描述男女交往时，也有着讳莫如深的所指。过去，搞“男女关系”几成罪证；当下，男女有关系亦暗指桃色。

放眼更远处。在我们身边，制度建设、市场原则很可能被迫让位于关系。关系就是资源，就是成本，就是生产力。从道理上讲，既然人是关系性存在，每个人都能找到这样那样的关系。诸如同学关系、同事关系、邻居关系，等等。问题是，在一个官本位社会里，真正打通关节、松开维系的不是一般的关系，而是与钱、与权相连的关系。因此，同样是关系，还有所谓大与不大、硬与不硬之分。

生活中，我们太多的抱怨与谴责都是关于关系的。孩子进学校读书，我们只恨找不到关系；老婆工作调动，我们掘地三尺地找关系；职位得不到升迁，我们削尖脑袋去跑关系、拉关系……

就这样，关系如此玄奥而悠远的哲学语词彻底堕入了世俗的泥淖。我们连同它一起，深陷其中而不能自拔。

在科学昌明的时代，什么都在“去魅”，唯有关系在“复魅”。

为什么我们像蜘蛛结网一般编织着各自的关系？这与中国文化的特点有着太久远的渊源。与西方文化相比，中国文化在根本上是建立在血缘基础上的家国同构的文化，所有理想的伦理诉求都建立在血缘之上。

每个人的关系，都是波心荡漾。从自我的“家”出发，一轮一轮荡开去，成为关系的涟漪。在情与法之间，我们不由自主地选择了情；在法则、制度、规范与血缘、地缘、人缘之间，我们不由自主地选择“缘”而忽略“法”。说到底，这是我们的一种文化积弊与心理惯性。

由关系想到“关系心理”的培育，想到教育中的“听话”。听话，是我们对孩子的最高奖赏。由此展开的逻辑关系从来就显得安宁而稳固。孩子听话，父母舒心；臣民听话，长官开心。这就是最基本的“关系推导”。

忽而有点杞人之忧。如果我们的孩子从小就只懂服从，没有质疑与追问，没有独立与自尊；如果我们的孩子从小没有公民意识，我们能指望那些缔结千年的关系网自动解除吗？

正因为车价上附着了诸如交易税、上牌费、保险费，这费那费，“裸车”概念才得以破茧；正因为房价上附着了太多其他收费项目，“裸房”概念才得以成立；正因为思想所受的束缚与装饰太多，人们才欲以“裸奔”来表达个性化的纵情。

“裸”之流行，在思维方式上正是人们试图以一种“减法思维”来抑制愈来愈不能自拔的绑定策略和“加法思维”。

减到最后变成“裸”

像“裸”这样的暧昧字眼，竟然能如此频繁地在日常语词里招摇，多少有点挑战我们的文化容忍力。

曾经，我们那么不敢靠近“裸”，正如不敢靠近一炉红旺的火。在传统文化那里，除了身怀绝技的武僧、不修边幅的名士，可以原谅他们袒胸露乳之外，更多时候，“裸”是与淫邪毗邻的。几乎所有与“裸”相关的语词，它们传递的信息多少会带着一份欲望的挑逗。因此，被儒家律令捆着手脚的人们，即令春情暗涌，也不敢有露骨的放纵；即令是性幻想，也最好裹在长袍马褂里，最好以风纪扣严实地将其与世隔离。

自亚当、夏娃以一片树叶遮住私处始，人类告别了身体的“裸”。这意味着性与爱由此上升至文明的高度。应当说，就在含蓄成为美之法度的同时，“裸”渐渐成为令人躲闪的语词。即令是那些性与情均被压抑至变态的卫道者们，他们可能忽而眼带猥亵，呆呆地由一片胸的雪白想到丰乳肥臂，想到接吻与交合，想到淫邪与浪荡，然而他们永远衣冠楚楚。卫道者所能容忍的女子，也决不止步于超短裙与吊带，他们习惯于以畸形的意淫去抵达女性的身体。

20世纪六七十年代的中国，在那些传统文化被“革命”的岁月，“裸”几乎是一个禁绝的语词。在绿军装与红袖章涌动的疯狂里，女孩子领口开下一点、扣子扣松一点都可能被指斥为资产阶级“桃色情怀”，哪里还敢有丝毫“裸”的臆想？当“裸”成为羞耻的禁忌时，我们无形之中开始否定身体是人间最美的存在这一事实。

我们宁愿将目光投向墙上那些粗暴而空洞的口号，而不相信裸体竟然就是人体美。淫邪而变异的性联想硬生生地将天然造化的美丽贴上寡廉鲜耻的标签。

我们曾那样耳红心跳、作贼心虚地回避着可能遇到的裸体、裸照、裸镜……又无一例外地怀着一种偷窥的好奇与阴暗。直到有一天，所有与“裸”相关的语词，都被蓬勃而强劲的性幻想终结了所有怯弱的想象。

而今，“裸”字所附着的性爱遐想奇迹般地渐渐淡去。人们开始以一种平和安静的心态接纳着“裸”。特别是，人们对“裸”的打量亦悄悄转换了视角，即由“性欲冲动”转向了“艺术唯美”。终于，我们意识到人体是美的杰作，美术家用裸体做模特远不是流氓。在城市的中心花园里塑一尊裸体母亲，不在于展示她乳的丰满，而在传达一种美的滋养。

由谈裸论“色”到谈裸论“美”，这是观念的嬗变与飞跃，更是文化的改造与发展。

今天，“裸”的意涵又以一种不可思议的速度泛化开去。“裸”的构词能力空前活跃，“裸”的语境骤然拓宽。

买车问价，得问“裸车”多少钱？买房亦如是，得问“裸房”价几何？男女结婚，啥也不准备操办，叫“裸婚”；网上聊天，啥也不穿叫“裸聊”；思想无牵无挂，放纵自由，叫“裸奔”……

“裸”字何以一夜走红？此字泛化的背后究竟有着怎样的社会心理？

上述“裸”字的运用，均已超乎“裸体”的联想定式。在这里，“裸”所传达的是，去除所有的附加，所有的遮蔽，所有的羁绊，而凸显事物在之本体、本源和本真。这种回归原点、去除粉饰的心理，在很大程度上表达了“乱花渐欲迷人眼”的现代人的心灵诉求。

正因为车价上附着了诸如交易费、上牌费、保险费，这费那费，“裸车”概念才得以破茧；同样，正因为房价上附着了太多其他收费项目，“裸房”概念才得以成立；正因为思想所受的束缚与装饰太多，人们才欲以“裸奔”来表达个性化的纵情。

说到底，“裸”之流行，在思维方式上正是人们试图以一种“减法思维”来抑制愈来愈不能自拔的绑定策略和“加法思维”。

太多太多的绑定与添加，使得我们希望像脱衣一样脱得不件一留，最后以“裸”的方式呈现。此所谓：减到最后就是“裸”。

“裸”的背后，莫非有一种返璞归真的企求？

倘如此，我们的中小学课堂，特别是我们的公开课，当太多的课件迷惑着孩子的眼睛，太多的资料围剿着教师解读力的时候，我们是不是可以以“裸课”的名义来予以遏止？

“在下”最终逃脱不了它的宿命——在官本化的文化生态中，它已异变为庸俗的官场哲学，异变为不由自主的话语惯性，不自觉的思维方式。

“在……下”所呈现的本质依然是官大于民、组织大于个体、共性大于个性、他者大于自我的价值取向。

“在下”与“在……下”

只要稍稍读过中国古典小说，你不会对“在下”这个词感到陌生。

“在下”，满身透着传统文化气息的一个社交谦词。在崇尚“温良恭俭让”的伦理构想中，人们以“在下”指称自己时，其言也敬，其色也温，并一定辅以拱手来表达尊重和谦卑。

“莫非君乃潭州黄氏？”“在下便是。”倘时空被重新剪辑，或许，这将是我一声定格在历史他处的对答。

“在下”之“下”，当有“下方”“卑下”之意。这一声谦称里，透露着极为丰富的文化信息，足以令我们窥见传统文化的内质。

“在下”所凸显的其实是基于家国伦理的一种位序，即自觉地让“自我”以低姿态的方式出现在“他者”面前，以显示仁爱谦敬的道德魅力与人格修为。显然，这种伦理取向与西方文化所极力标榜的个人主义和自我张扬迥异其趣。应当说，“在下”一词所显示的是一种绝对低调，一种退守敬畏、抱阴守雌的人生姿态，一种文明的教化力。

我们尽可以从“在下”所传递的文化信息中，读到尊卑有序的伦理预设，读到“三人行，必有我师”的虚怀若谷，读到儒家文化对于社会结构稳定性的忠诚守护，读到文化性格中的内敛、含蓄、悠远与沉静。然而，我们又不能不看到黏附于“在下”这个语词身上的政治强暴力与集体无意识。

诸如君臣父子这一套建立于血缘基础上的伦理纲常，对于家国同构的传统形式，对于以群体为重之价值取向的确立，对于文明演进、世风净化、君子人格之养成，其进步性均可纳入独一无二的东方智慧。然而，当这一整套伦理纲常被历代统治者强行纳入他们的政治阐释框架，并为伦理秩序的合理性提供制度保障的时候，伦常便异化为统治者稳定政治、愚昧人心的不二手段。封建伦常的刻板僵化抑或扭曲人、束缚人、戕害人的本性便暴露无遗。

当政治秩序与伦理秩序合谋的时候，“在下”一词便渐渐褪去了那份文化雍容，直至异化为一副坚硬的奴性遁甲。对于族类与群体而言，一方面，我们宁愿伏地而跪，山呼万岁，自称“奴才在下”，全然没有自我的尊严；另一方面，我们又是如此不能接受“在上”，甚至不惜以一种对立的姿态对所有“高高在上”者予以嘲弄。“居上”与“在下”、“庙堂”与“江湖”从来就是我们俯仰进退的对立二元。在这样的言说中，“在下”的意涵。与其说是生命的谦敬，不如说是人生的基调。然而，“在下”最终逃脱不了它的宿命——在官本化的文化生态中，它已异变为庸俗的官场哲学，异变为不由自主的话语惯性，不自觉的思维方式。

在新中国成立后的现代白话文本里，“在下”作为一个文言古词像一枚干枯的树叶夹于书页之间，它早已失去了明媚与生动。然而，语词中所内蕴的精神文化信息却以另一种方式呈现。

或许我们还清楚地记得，就在三四十年前，我们的作文几乎有着千篇一律的开头：“在某某某的领导下，在某某某的指挥下，全国形势一派大好，我们学校也不例外……”

由古语词“在下”到现代句式“在……下”，此间并无语言学意义上的演变逻辑，但是，它们之间又确实存有一种精神联系。不管“在下”还是“在……下”，在对官本意识的适应与维护上，其旨类也。

在特定年代里，“在……下”作为一个公共话语的套子，反映的正是我们的思维和观念。领导，永远是我们讨论工作、总结成绩的前提与起点。

或许在很多时候，这样的命题道出了部分事实。然而，问题恰好也就在这个“前提与起点”上。我们无意于不尊重领导，但不难想象，什么时候都在强调“在……下”，那么，我们迷信的永远是组织与集体的力量。我们自身作为生命个体的主体力量、创造力量在哪里呢？没有“在……下”，我们就将一事无成吗？

马克思早就说过，一个社会的全面发展是以每个人的全面发展为前提的。按官本社会的逻辑推论：难道每个人的全面发展，又将以“官”的全面发展为前提吗？说到底，“在……下”所呈现的本质依然是官大于民、组织大于个体、共性大于个性、他者大于自我的价值取向。

由“在下”到“在……下”，其文化信息远非谦虚之类的道德判断可以概括。

战斗所暗示的，是一种极端对立的思维方式：不是你死，就是我亡；不是“格斗”，就是“争夺”。它天然地相信标准的确定与唯一，排斥着思想的包容与多元。

战斗的悄然隐退，预示的不只是和平与发展，更重要的是，我们对非此即彼的思维抛弃。

战斗从来为心结

不知你是否注意到，战斗，这两个仄声字组合到一起，无论读得低沉还是高昂，语气里总透着使命的崇高，征讨的豪迈，还击的力量。

或许是战斗二字急促与铿锵的节奏契合着不甘示弱的内心鼓点，我们是如此习惯地以战斗来表达对理想的追寻，对命运的抗争，对逆境的挑战。我们有意无意地抛开战斗的原初意义，淡化乃至忽略它所附着的种种残忍与惨烈。

战斗这个语词中所隐含的攻击、摧毁、占领以及种种暴力倾向，往往被一种莫名的征服欲所消解。因之，当我们言说战斗的时候，似乎没有人愿意去联想战争的火光与硝烟，“一将功成万骨枯”的惊悚与战栗。

请抬头凝眸那一片历史的天空。千百年来，兵燹与战争何曾停止过张牙舞爪？何曾隐退过它阴冷的狰狞？不必说冷兵器时代的喊声震天与刀光剑影，不必说跳动的长城烽火，慌乱的中原马蹄，也不必说帝国主义的坚船利舰，不必说枪炮声敲碎了宁静的夜，单说那八年抗日、三年解放战争后的满目疮痍，在脚下这片古老的土地上，有谁说得清它究竟承载着多少痛多少伤！多少撕心裂肺多少肝肠寸断！

在封建时代，战争与美人、与社稷、与江山、与王侯霸业紧紧相连。几乎每一次王朝的兴衰更替，都必然伴随着战争。无论战争出于怎样的正义或邪恶，何曾免得了血流成河，横尸荒野？何曾免得了生灵涂炭，十室九空？

兴，百姓苦；亡，百姓苦。

但，当一个民族面临外族入侵的时候，或当我们的主权、人权、尊严与利益受到挑战的时候，我们又不得不迎接战斗！正如诗人田间所说，“假使我们不去打仗/敌人用刺刀杀死了我们/还要用手指着我们的骨头说：/‘看，/这是奴隶！’”

或许正是我们在千百年中受到的战争威胁太过强大，或许正因为经由战斗才令我们独立自主，因为枪杆子出了“政权”，因为新政权开创了新生活，多年来，一代又一代，我们不只是惯于以战斗表情达意，更重要的，战斗几乎成了我们内心的一种情结，成为我们民族文化中的集体无意识。

是的，我们太喜欢战斗式的言说了。

在“与天斗，其乐无穷；与地斗，其乐无穷；与人斗，其乐无穷”的时代，战斗几成一代人的青春誓言。农民修路、修桥、修水库，抢收早稻、抢插晚稻，工人不分白天黑夜奋战在第一线，教师呕心沥血在讲台上，哪一桩不可以描述为战斗？哪一段岁月不是“红星照我去战斗”？难怪“我在这战斗的一年里”成为恢复高考之后的一道作文题！

今天，战斗一词渐渐从青少年的话语里隐退。然而，在年长者的演讲与规训里，在千篇一律的公文里，在普通民众的潜意识里，战斗及战斗思维依然如此顽固、如此普遍地存在着。

无论什么样的工作任务，我们动不动就以战斗来描述。诸如“吹响进军的号角，打响新的战斗！”“从观念上、组织上、行动上打响‘三大战役’”之类的表述在各类宣传文本中随处可见。似乎不用战斗就表达不了我们的心有多大，志有多高！在男权崇拜下，战斗的泛化不断升级，从古至今，战斗还与男性的征服性相连。在旧小说中，即使是说到男女性爱，都不言其美，而将其描述为“大战三百回合”。

然而，战斗毕竟越来越少地出现于私语之中了。究其因由，战斗一词所暗示的思维方式，在本质上是一种极端对立的思维方式：不是你死，就是我亡；不是“格斗”，就是“争夺”。

它天然地相信标准的确定与唯一，排斥着思想的包容与多元。而今天的人们不得不走向对话，走向理解，走向和谐。

战斗的悄然隐退，预示的当然不只是和平与发展，更重要的是，我们对非此即彼的思维抛弃。

“被”的背后是一个庞大的被剥夺、被忽略、被忽悠甚至是被摁被掐被处理的平凡世界。

“被”里叹息知多少

从来不曾像今天这样，一个寻常的“被”字里居然如此奇妙而幽默地传达出卑弱者带着苦笑的隐忍，如此逼真地呵出边缘人和无奈者那声长长的叹息。

在我们的日常语库里，“被”似乎只是表达被动关系的一个公用符号，它没有任何温度，更无任何表情。我们甚至不自觉地将它当成了语言魔方里一块不起眼的小小灰色。

汉语里的被动关系，远不像英文那样泾渭分明。英文里的主动与被动，有着严格的区别，何时主动、何时被动分得一清二楚。“be＋过去分词”成为表示被动的袭用句式与固定语态。而在汉语里，“被”固然是“被动语态”的典型标志，但它经常被省略或被替代，如“为人所知”之“为……所”。被动主动不分的时候相当多，我们习惯于说“晒太阳”，而无人执拗地将其更正为“被太阳晒”。由中英文的这种区别，似乎隐隐可以推想，西方哲学对于主客二分的尊崇，对于主体精神的强调；而中国哲学的精微在于天人合一，主客无间。

鲜有人愿意作这种无端的联想。更多的时候，“被”字所表示的无非是一种被动关系。我们除了从修辞与语法技术层面上发现“被字句”与“把字句”可以互换的门径之外，似乎无心追问“被”究竟还有什么表情达意的特殊能耐，直到“被就业”一语的出现。

何谓“被就业”？黏附此语的宏大背景是中国高校的急剧扩张。高等教育毛入学率的跃进，带来了大学生就业的洪峰压境。高校规模的扩张，意味着校园的大量圈地，楼宇的成片拔起。高举债的压力必然转嫁为大招生，大招生又必然以高就业为保障。在功利式 PK 的格局中，就像重点中学与普通中学变着花样比拼升学率一样，大批高校纷纷被逼到比拼就业率的无奈之境。为了生源，为了形象，一些高校居然要求即将毕业的学生制造就业的假象，即随意去一家有公章的地方，与其签订劳动合作，以示就业。于是，就业怪状迭出。一间仅能容身的打印店，居然与其签订劳务合同者达十余人。真是难为十年寒窗的大学生。因为学校有暗令：不能在毕业前签订就业合同者，不发毕业证。更有甚者，有学校根本无须学生自己联系，居然集体造出批量就业的假象，以至于有学生发现自己莫名奇妙地与不曾耳闻的公司签订了就业协议书。此之谓“被就业”。

好一个“被就业”！这一悖于常理的被式言说，忽而变得如此耐人寻味，如此尖锐地构成反讽。在它的背后，是大学唯利之后的堕落与大学生被剥夺的命运。在学校那里，学生个体的真实命运无法被关注、被同情，他们仅仅是学校流水线上的工具与客户。

“被”字里浓缩着太多的辛酸和无语。从诸多类似的被式搭配中，我们清楚地看到：强式的体制与威压的公权，它们正以君临的霸气，对边缘者、弱小者、草根者采取恣意践踏、刻意回避与蓄意遮蔽的姿态。因此，“被”字比以往任何时候都贴近卑微而沉默的大多数。

继“被就业”之后，网络又出新语，曰“被增长”。即某人从比去年同期增长几何的统计里，感慨自己的工薪不是“在增长”而是“被增长”。“增长”统计里的虚假与水分，个人意识的觉醒与珍重，全在这个“被”字中。当“增长”只发生在书面和口头，人们不禁要问：我们离真实、离真相到底还有多远？

正如有人所评论的，诸如“被就业”与“被增长”之类的言说，它所呼唤的正是个体对于公权、弱小对于强者的轻蔑和不满，是一切草根意见渴望被主张的集中表现。

一种话语的流行正如旅游团队的购物传染一样，“被”字如一群骠骑，不断开疆拓土，攻城掠地。诸多政治语词纷纷带着“被”字而走红。

“被低碳”“被幸福”“被和谐”……

其中，犹以“被和谐”最为诡异。在“被和谐”的表达中，“和谐”更多地不具形容词性，而带有动词性。即被描述为和谐，或以和谐为名去毙杀、打压或掩盖。

这样看来，“被”的背后是一个庞大的被剥夺、被忽略、被忽悠甚至是被摁被掐被处理的平凡世界。

由此想到教育中的“被式”。在记者的报道里，有太多的“被成功”；在公开课的研讨中，有太多的“被高效”；在大大小小的汇报材料里，有太多的“被改革”。自上而下、轰轰烈烈的课改，其理念与实践的成绩不可抹杀，谁又能说这里没有太多的“被课改”呢？

我们所处的是不是一个“被时代”？

既然社会是本位，那么，社会性便理所当然地成了人的本性。在大言阶级与政治的社会里，所谓社会性又被窄化成阶级性与政治性。所谓人性、个性，均被社会性这把功利的利剪铰去了所有的感动与温情。

以社会为本的教育，将貌似卑弱的个人与自然流放到遥远的苍凉。

社会是什么玩意儿

有些语词，正如某一张熟脸在你面前晃来晃去。

你随时会看到它，却从来不曾刻意关注过它的意义所指。就像邻家那个小伙子，诸如“细毛陀”之类的乳名你会冲口而出，却不一定记得他正儿八经的学名。

这样的语词频频活跃于口头，它的意义却在含糊中潜伏。

比如，社会。

社会这个词早就出现在儿时那充满理想色彩的作文里。诸如“报效祖国，服务社会”“做时代的先锋，成社会的栋梁”之类的豪言壮语，一次又一次地在被当作最得意的文章结尾。

可社会到底是什么呢？似乎难以说得清。在家里，在学校，在任何一个地方，在我们的意念中，社会从来就是外边那个庞杂得说不清边界、复杂得理不清头绪的人群。反正，我们无端地觉得，社会并不包括屋内那些熟悉的面孔，它是门外的种种。社会像大海的水面，由近而远地伸展着，我们自己却永远不在水里，而站在水边的石头上。

一方面，人们把社会当作描述终极、揭示意义、展开宏大叙事的关键语词，另一方面，又自觉或不自觉地让个体、让自己熟悉的小团体外在于社会。

海面一样的社会是如此鱼龙混杂，如此不可操控，如此充满危险的风暴，以至于我们在将它神圣化的同时，又将其妖魔化。特别是我们长大之后，社会给我们的心理投影完全有别于儿时作文里的圣洁。

在学校，我们总这样对学生说：相对来说，学校还是一片净土，将来你们走向社会，就会感觉到人际的复杂与丑恶。

在家里，我们这样训斥孩子：“你现在这样吊儿郎当，怎么像个社会小青年？怎么一身社会习气！”

此时的社会非但没有理想的光辉，相反，它成了个翻卷着污浊的大染缸。

令人拍案惊奇的是，从来没有哪个人，会觉得自己与这个染缸有关。大家都把社会推在门外，或推得远远的，都提醒自己或至友对于复杂的社会保持足够的警惕。

学校教育尤其如此。常听教师报怨：星期一至星期五，孩子在学校接受主流价值观的教育，一到双休日，社会上的那些习气就可能让他们变坏。言下之意，学校教育的美好恰如雪白的羊群，而社会却是蹲在远处的那只恶狼。

为什么对于社会的言说竟然如此迥然有异？

我们知道，古语中有“社稷”一词。“社”，乃土地神；“稷”，乃谷神。先人赋予了土地与谷物以极高的地位，以至于社稷用以指称政权与江山。社会之“社”，亦土地神之谓。社会即祭祀同一土地神的浩大集会。《现代汉语词典》这样解释“社会”：其一，指由一定经济基础和上层建筑构成的整体；其二，泛指由于共同物质条件而互相联系起来的人群。两个义项，都从知识的角度予以定义，不具生活质感。我们一看就明的是，社会是整体，是特定的人群。

社会作为一个大概念，它相对于什么而存在呢？从世界的构成看，它相对于天地自然；从人类的角度看，它相对于个人。我们对于世界最简单的勾勒，莫过于“个人——社会——自然”。社会不是空洞的形上概念，它由一个个具体的活生生的“人”组成。人们因为血缘家庭的关系，因为文化习俗的关系，因为国家制度的关系，组成了人群与社会。

个人先在于社会，又依赖于社会、改造着社会。这种互动关系深刻地影响着我们对于教育的整体思考。

张楚廷先生说，在教育思想史上，顺着“个人——社会——自然”的理论框架，我们就曾出现过三种不同的教育思潮或教育取向，亦即人本主义教育思想（以个人为本位）——社本主义教育思想（以社会为本位）——自然主义教育思想（以自然为本位）。

在我们这个国度，社本主义教育思想几乎一直掌控着教育的话语权。

个人与社会的关系，是教育思想家们无法绕行的一道理论关卡。到底个人是教育的本位，还是社会是教育的本位？一般的意见是，个人是小的，谓之“小我”；社会是大的，谓之“大我”。“小我”绝对依附于、服从于“大我”。

这只是结论。其学理推论其实简单得近于演算。既然社会是教育的本位和中心，那以，教育的根本价值在于人的社会化。马克思那句“人是社会关系的总和”似乎为这一推论提供了最为经典的观点佐证。——事实上，马克思的这句话之后，还有不被人征引的后半句，这里的“人”并不就“单个人所固有的抽象物”而言，即不是就“人性”而言。——社本主义者不会在意这半句。

问题是，当社会越来越大，个体越来越小的时候，许多关于教育的本质纷纷进到逼仄的理论轨道。既然社会是本位，那么，社会性便理所当然地成了人的本性。在大言阶级与政治的社会里，所谓社会性又被窄化成阶级性与政治性。所谓人性、个性，均被社会性这把功利利剪铰去了所有的感动与温情。

这就是以社会为本的教育主张。它以居高临下的正当性，将貌似卑弱的个人与自然流放到遥远的苍凉。

结果是什么呢？我们是如此强调社会本位，强调教育为生活做准备，为社会服务。社会并不买账。

我们依然害怕孩子染上所谓的社会习气，担心他们太早懂得社会上各种规则与潜规则，明白社会上各种腐败与丑恶。社会兀自逍遥，学校与家庭却守身如玉。因此，太多的时候，我们在不停地报怨社会环境的恶化，道德底线的沦失，负面价值观的猖獗……

我们是如此服务社会，改造社会，却又如此害怕社会，担心社会，咒骂社会。

社会，你到底是什么玩意儿?

其实，用不着将太多的责任推向社会。社会不是哪个人，不是什么团体，它无非是一个概念，一个群体性存在。

真正的落脚点在于人，在于个体的人。教育永远从个体出发，从“人”出发，而不是从社会出发。这，才是我们思辨社会一词的真正落脚点。

当个体被纳入某个单位，并在那个集体、那个组织或那个圈子里生活经年，他所拥有的便是一个熟人社会，一个彼此共守的利益体，一个处处滋生平均主义的共同体。

单位之于个体的最大利益就是它的最大伤害。它以包揽终身的福利制度，不断地强化组织的封闭性，并庇佑人的劣根性。

单位：那一枚果子

你尽可以将某一个寻常的语词想象为树上饱满的果子。

每一个语词总被不同的阐释由内到外地结成由浅而深的意义层，正如果仁藏在果壳里，果壳含在果肉中，果肉上又粘着一层薄薄的膜，薄膜之外还覆盖着或粗或细的果皮。

与此相类，一个语词往往会被人们纳入不同的话语体系或不同的语境之中。比如小康，比如和谐，比如低碳，它们本都可以在历史、文化、哲学、科学语境中获得一般性阐释，然而，当它们成为政府言说的政治目标时，一层全新的意涵便如雨后的光晕，环绕着语词这个小小的太阳。

有些词在某种阐释系统里，意义简单得近于单一，几乎没有言外所指；而在另一种阐释系统里，则表现出无以言传的玄妙与精微。

单位这个词正是这样。

在数学、物理、化学或所有的学科领域，单位仅仅附着于某个数字之后，表示物之量。如“米”为长度单位，“克”是重量单位，“升”为容积单位，“码”为汽车速度单位，等等。这样的单位，是公认的，其意义阐释的空间只如一片竹简或一条直巷，没有寻味的可能。

然而，我们这里津津乐道的单位不是米、克、升、码之类，而是我们所处的那个组织，那个团队，那个群体，那个我们爱之深亦恨之切的地方，那个在潜意识里试图终身依附的一棵树。

在中国，若论与个体的功利联系之紧，再也找不出比单位更重要的语词了。

曾经，一个有单位的人与一个没有单位的人，其差别有若云泥。单位，意味着每月固定的薪酬，意味着双休日、节假日的休息，意味着住房分配、医疗保障以及老了之后每月的退休金，意味着洗衣粉、金龙鱼、猪肉、泰国米以及所有的劳保福利。大多数情况下，一个人经由大学或招工、招考进到一个单位，他一辈子甚至他儿女的一辈子，几乎可以和盘托付给这个无微不至的组织了。

相对于没有单位的农民、手工业者或城市平民，单位职工都是社会体制内的宠儿，连他们吃的粮食都有个坚强无比的名字，叫“国家粮”；体制外的农人或浪者，不得不以无限欣羡的目光追逐着他们的白皙与干净。记忆中，那件的确良白衬衣、那块上海手表和那台飞鸽牌自行车，都是单位人地位与身份的象征。

那时候，我们的城市社会几乎就是一种单位社会；大多数城市人的生活都是条块分割的单位生活。大江南北，所有的中国城市都如此。

当然，乡村也有单位，叫作公社、大队与生产队。不过，那基本上只是一种劳动单位，远没有城市单位的种种福利。城乡的二元对立与巨大反差，在两种不同的单位上凸显无遗。

单位社会的形成始于20世纪50年代。今天，体制内的人们更多地注意到单位是个体发展的终身平台。其实，单位更是政治治理与社会管理的有效方式。我们社会的稳定结构，一方面源于家庭，另一方面源于单位。我们总是试图将单位经营得如同家庭。此所谓爱社如家，爱校如家，爱单位如家。从国家说，单位公权与意志得以贯彻的方式，正是最有效的调节杠杆和控制手段。但从个体说，它又是一种保护。尽管，这种保护很可能以束缚与扼杀创新为代价。

20世纪末，单位慢慢地向山头撤退。大量的国有单位，纷纷倒闭重组，下岗、买断、失业、再就业，一夜之间成为热词。昨天似乎还铁板一块的单位社会开始瓦解，许多人一转眼就失去了单位，失去了试图依附的苍天大树，变成风雨飘摇中的孤燕，一种“去单位”的阵痛，或许非亲历者不可体味。

人们是那样深情地眷恋着单位社会的温暖，但鲜有人理性地思索单位之于人生发展的真正意义，真正反思单位社会带给我们的深层束缚与伤害。

对于寻常百姓来说，单位的首要意义是一个养家糊口的铁饭碗。上班，领工资，发福利，退休之后带孙子，养天年，一辈子的生命轨迹都围绕着单位来勾画。用不着忧患，用不着创造，用不着国际视野，用不着竞争，单位就是一个避风避雨的空间。然而，这样培养出来的单位人及单位情结，永远不可能是个人潜能的激发，生命意志的激发，创造活力的释放，它只是那一池消释进取之心的温水。因为，当个体被纳入某个单位，并在那个集体、那个组织或那个圈子里生活经年，他所拥有的便是一个熟人社会，一个彼此共守的利益体，一个处处滋生平均主义的共同体。单位之于个体的最大利益就是它的最大伤害。它以包揽终身的福利制度，不断地强化组织的封闭性，并庇佑人的劣根性。

今天，身边的单位依然存在，但它们的构成已走向多元。国家机关是单位，事业单位是单位，股份制公司是单位，民营企业也是单位。单位人的概念渐渐淡化，取而代之的是社会人、社区人。编制渐渐成为就业的奢侈品，而诸如婚姻介绍、考研求学，都已无须单位盖章。

种种迹象表明，单位不再处于社会管理的话语中心。个体亦渐渐地摆脱单位的附庸地位，从而获得了主体性解放。

想当初，如果所有的原始部落都疲于狩猎，而没有那个坐在树下唱歌的歌者，没有那个于河滩上画画的书者，没有那个围着火堆跳舞的舞者，人类会不会有艺术的产生？如果当初尼罗河两岸只有日出而作、日落而息的劳作者，没有那个坐在河岸上、石头上的沉思者，没有那个想着如何计算田畴大小的人，会不会出现几何学？

闲暇出智慧

我们从来就生长在一种“尚忙”不“尚闲”的文化当中。很多时候，我们情不自禁地会将“忙”等同于“勤”，将“闲”等同于“懒”。

尽管心中总涌起对休闲与闲适的向往，你却不敢承认这就是生活的目的。休闲与闲适，似乎不足以承载生活的意义。只有当它们的价值定位于促进高效工作的时候，“闲”才获得一种正当性。否则，“闲”就是一种人生放任与光阴虚掷。因之，我们要休息的时候，还得动用列宁的名言来劝慰别人、说服自己：会休息的人，才会工作。

语词亦如人群，存在强与弱、显和隐的区分。如果说“勤劳勇敢”之类的铿锵属于广场上的鼓动，那么，“悠闲自适”之类的韵味便栖居于温暖的斗室。它的存在只是一种蜷缩，隐匿、卑微、弱小地蜷缩在某些幽微的角落。

稍稍考察那些与“闲”相关的语词，你就会发现这种“闲文化”的影子。

生活中，说“大忙人”无疑是对你的恭维，因为“忙”意味着你正处于建立人生功业的“入世”状态中，正处在与这个世界至关重要的联系中。用时尚的说法，你的当下是“in”而不是“out”。

相反，“闲人”一般是自称，甚至是谦称。从来不可能有人称对方是一个“闲人”。自称“闲人”，差不多等于承认自己在社会的功利角逐中出局，意味着边缘化或淡出。

与“闲”相关的语词几乎都在传达一种贬意。如闲言碎语、游手好闲。师长们会告诉你要谨言慎言，免得别人说闲话；跟一个没有艺术细胞的人谈诗，可能会遭到抢白：我没有你那样的闲情逸致……

闲，真不是个好玩意儿。

某日，偶然得到某中学发给家长的一份学习资料。班主任隆重向家长介绍的教育经验，语出某教育改革家之口。这位声名赫赫的“教育家”所传之经、所布之道究竟是什么呢？说出来确乎有点寒碜，名之曰“控制三闲”。“三闲”者，闲事，闲话，闲思也。就是说，做教师的，要善于控制学生在课堂做闲事，说闲话，做闲思的时间和机率。特别是学校上自习课的时候，这种“控制”更是必不可少。

老实说，当“三闲”配上“控制”这样的字眼并粗暴地闯入我的视野之时，心头确乎冷飕飕地掠过一阵莫名的悲怆。我以为，这种悲怆缘于一种并不自觉的教育专制，缘于成长无畏下的教育无知。

首先，我不知那主张“控制三闲”者，如何来界定什么是“闲事”，什么是“闲话”，什么是“闲思”——与教学无关者，谓之“闲”吗？其次，凭着教师的专制，或许可控制“闲事”与“闲话”的出现，让学生群体性沉默和失语。这样“控制”后的教育局面实在太可怕了，更何况并不罢休，要去控制人的思想，让他们不再“闲思”？

如此将“人”完全“工具化”的宣言，出自名人的“名言”，着实叫人不寒而栗！

莫非，在“三闲”控制者那里，凡与课本、与学习、与作业无关的事，都是“闲事”，凡与文言注释、方程、英文单词、历史年代表无关的话语都是“闲话”，凡是与学习无关的思维活动都是“闲思”？果如此，我们不禁想问：这样的孩子到底是一台被控的“学习机器”，还是真实的生命个体？是“器物”，还是成长中的“人”？

别说那些成长中的孩子吧！且想想我们自己。你能一天到晚将“三闲”全部控制住吗？你是一个行事、说话、思考全部不离“教学”的机器人吗？

特别是，你可能确实不干一件与教育无关的事，不说一句与教学无关的话，但你管得住自己的头脑里没有一点“闲思”？你能将某一刻悠然的兴会与诗意的浪漫全都扼杀？如果你做得到，那么，你绝不是可敬、可爱，而是极其无趣，极其可怕，或者说，你已完全不成其为人。

人总有闲事，总有闲话，总有闲思，此乃关于人的基本常识。不管出于怎样神圣的理由，号称为“家”的教育者，声称“控制三闲”，并以之作为秘笈四处流布，还深得一线教师认同，这或许不是某一个人的思维方式显出“贵恙”，而是我们这个时代的教育确乎病得不轻。

今日的中国中学生，忙得真不知“闲”为何物了。你看吧，每天清早起床，背着几十公斤的书包去学校。天完全黑了，可能还回不了家。匆匆吃过晚饭，即使是一个初一学生，他每晚的作业都在三小时以上。语、数、外各科都有同步训练、全能训练、辅导类报纸等若干资料。一个孩子每晚从这些辅导资料上做的题目少说都在100道以上。这还不算，诸如《思想品德》《历史》《地理》《生物》之类，科科都有这样的训练题。姑且不论这些资料中存在大量愚不可及的问题，单要完成这些，孩子不到晚上十点怎能上床睡觉？

孩子们倒是真被彻底“控制”了。他们何曾有一点悠闲的时光来看课外名著，来欣赏足球节目，来弹奏心爱的手风琴，来听听音乐？他们真的像陀螺一般，被如此荒唐而愚昧的学校教育裹挟前行。似乎谁都不是有意的作恶者，然而，事实上，谁又都是教育的受灾者。稍有良知者，应当清醒并呐喊：这样的教育，除了扼杀孩子的天性之外，除了毁掉孩子的创造力之外，它到底还有多少意义？

中国教育，多么向往那个“闲”字啊！

在古希腊语中，学校的含义就是“闲暇”。闲暇出智慧。这句来自古希腊文明的格言，与“勤能补拙”的中国古训迥异其趣。

只要稍有文明演进的常识就会明白，一切伟大的创意无不因为闲暇而来。想当初，如果所有的原始部落都疲于狩猎，而没有那个坐在树下唱歌的歌者，没有那个在河滩上画画的书者，没有那个围着火堆跳舞的舞者，人类会不会有艺术的产生？如果当初尼罗河两岸都只有日出而作、日落而息的劳作者，没有那个坐在河岸上、石头上的思者，没有那个想着如何计算田畴大小的人，会不会出现几何学？

树下的歌者、田间的行者、石上的休闲者，他们正是因为从体力劳作中解放出来后绽放出创造的花朵。谁是“有用”的？谁是“无用”的？谁在“忙碌”？谁在“休闲”？

多少代过去了，我们不在于没有“忙”的传统，恰恰在于没有“闲”的习惯。

“永远闲不下来”几乎是对个人生存方式的最高敬意。读龙应台跟儿子的通信才知道，在德国，午后的咖啡馆，平静的阳光，温热的芬香，慵懒的音乐，总在氤氲着特有的浪漫。大群大群的青年、中年与老者就这样泡在那样的闲适里。在我们看来，这简直是一种可耻的光阴虚度，一种高贵的奢侈，一种不可饶恕的颓废。

然而，问题远不像我们担心的那样。正是在这样的闲适里，有奇妙的哲思，有奔涌的灵感，有爱的感动与彻悟。不要惊讶德国这样的国度何以出现那么多哲学家、文学家与数学家。因为，他们在笃信执著的同时，亦信仰闲暇出智慧。对，他们把闲暇当成了一所学校，一种自我教育。

我们只在强调人生必须忙碌才算充实，却不愿再往下追问一层：难道“闲”下来就只会留下虚空吗？

且让我们从闲暇启蒙。别老是赶路，老是追随。让我们在树下坐一会儿，看看白云，听听鸟语。

让我们懂得“闲”为何物。它不是无为与懒惰，而是反思与怀想。

心灵的飞翔，思想的超越，都从这个“闲”字开始。

我们过去在没有界定封建内涵的前提下，对封建大加挞伐，实则让“皇权专制”这一民主的克星、人性的恶魔轻松地躲在阴暗的角落里发出暗笑。封建成为专制的替罪羊，使得专制的幽灵深入到国人的潜意识。

回到起点说封建

与人一样，语词亦有各自的命运。

无数真相被历史曲解，无数冤屈被岁月掩埋，无数语词也被不由分说地推向积毁销骨的成见。

此种感慨并非空穴来风。读史之余，有一个见惯不惯的语词总在脑海里逡巡不定，听不到它的呻吟，却依稀看到它那带着哀怨的眼睛。

这个词叫封建。

从小到大，我们对封建避之唯恐不及。按照人类社会发展的“五段论”，封建社会、封建主义之万恶不赦，均被消灭在资本主义降临的前夜。明媚的社会主义比之资本主义尚有无穷的优势，遑论被历史垃圾掩埋的封建主义？因此，我们心中的封建从来就散发着腐朽与没落的气息。封建这个语词出现在文本或口头，它所唤起的情感一定是憎恶、鄙夷和不屑。在人们的日常语汇里，凡与封建有染的语词，无不与保守、落后、封闭、丑陋相关。忠孝两全，那是封建伦理；三从四德，那是封建宗法；重男轻女，那是封建思想……

上自周秦下至明清，均称封建王朝；独断专行，刚愎自用，谓之封建家长制；因循守旧，抱残守缺，谓之封建官僚；闭关自守，自给自足，谓之封建经济；父母之命，媒妁之言，那是封建婚姻……封建不啻为一剂毒药，饮之，不死亦入膏肓。一句话，凡与封建相关者，没有一样好东西。

确实，固有的知识框架及先入为主的观念植入，早以将封建定格为罪恶与耻辱。人们天经地义地将封建当作一种贬损性的形容与修饰，同时也轻而易举地囫囵吞枣：封建总是作为主义、作为阶级、作为王朝而存在。封建被纳入社会政治辞典。

封建这个如此倒霉的语词，究竟惹了谁?

封建，从字面看，一点都看不出它存有任何“恶”的征兆。封建封建，无非是分封而建，即皇帝将天下分封给他的子嗣、族人、重臣、亲信，使之成为皇权制约下的诸侯小国。今日之《现代汉语词典》为封建如此作注：“一种政治制度，君主把土地分给宗室和功臣，让他们在这些土地上建国。”春秋战国时期，所谓群雄纷争，乃诸侯国之间的拼杀。这是封建的字面意义，亦是它的原初意义。作为一项政治制度，封建是政治策略与行为，而不是修辞意义上的修饰与形容。封建作为一种制度或措施，相对于奴隶制而言，其历史进步意义不言而喻。

人乃理性的动物，亦是政治的动物。正如政治必然将大量历史人物妖魔化一样，历史语词的妖魔化也在所难免。

妖魔化，并不可怕，可怕的是，妖魔的面相遮蔽了更深刻的历史真相。

2010年第12期《炎黄春秋》上，有应克复先生一篇题为《关于反对封建主义》的文章，凭着学者可贵的质疑与深厚的学理，他提出中国封建社会并非自周秦以来的三千年左右。真正意义上的封建社会到秦始皇已宣告结束。因为，秦始皇的政治方略首在于废封建，而行郡县。此后，百代皆行秦政治。如此数千年历史，不归入封建的框架之下，归入哪里呢？应先生质疑的锐利表现在他对于人类社会五阶段说（原始社会——奴隶社会——封建社会——资本主义社会——共产主义社会）的勇敢颠覆。他认为，秦以后的中国历史，不能归入封建二字之下，而应属于皇权专制社会。这样分析的意义，显然不只是名称的变化。它的深刻意义在于，我们过去在没有界定封建内涵的前提下，对封建大加挞伐，实则让“皇权专制”这一民主的克星、人性的恶魔轻松地躲在阴暗的角落里发出暗笑。封建成为专制的替罪羊，使得专制的幽灵深入到国人的潜意识。

将封建的内涵固定在一定的范围，其意不在于放过对封建的审视，而在于钉住那带着罪恶与耻感的专制。即使将封建专制放到一起审查，人们依然可能将前者视为因，后者视为果。

回到起点说封建，忽而发现：封建并不那么可怕，比封建更可怕的语词是专制。

当文字与真实、善良、美好相悖，书写不再是思想与真情的表达，而是那迂腐的修辞、空洞的文饰。

被绑架的文字

文字可爱的时候，你尽可以眉开眼笑地称它为精灵。那份怜爱，如同蹲下身抱起那个脸如苹果的孩子。

见过婚礼上那个红双喜吧。那些铺排的笔画，宛如铺排的宴席。凝视那贴在正中的“囍”字，成双入对的幸福感亦如初夏的阳光。或许，在那一刻，你会觉得红“囍”字那些“口”里，已生出年轻而雪白的牙齿。而每到过年，家家户户大门上那个倒挂的“福”字，如一张吉人天相的圆脸，沉着、安静而温暖，隐隐带着神的谕示。

文字，就这样凝结着人间的期待与憧憬。

有时候，文字是一种信念和感召。想想，当年杨家将出生入死之际，见到旌旗上书写的那个“杨”字岳家军于黄沙万里之外，见到那个“岳”字，心头一定都曾涌起莫名的力量吧。

其实，文字不尽是可爱。文字处于怎样的语境，正如人生经历怎样的际遇。你见过无辜人质被绑架的表情吗？很多时候，文字也曾被粗鄙、无知、野蛮、虚假所绑架。

围墙根外那一堆臭气熏天的垃圾前，竖着一块“禁止乱倒垃圾”的标牌。看似刚劲的文字，书写着苍白的苦笑与无力的尴尬；偶然经过“严禁乱停车辆，违者放气”的小区角落，你看到的一定是以恶制恶的威胁；读到言过其实的美容与医药广告，你看到的是背信弃义、不讲担当的商业奸佞。

你站在某机关的一个窗口排队，排了整整两个小时，才被告知：工作人员今天身体有恙，休假。你腹诽已久，欲高声质疑，却又无法伸张。抬头，忽而遇到眼前的红色小牌：“共产党员示范岗”“青年文明号”，遇到大厅里更大的标语“以人为本”。那时，你会觉得这些文字完全是一种揶揄。那一刻，它们变得陌生，继而狰狞，继而可怜。

这样的时候，文字是不是一群被绑架的人质？虚弱而苍白，似乎随时都可能被丑恶所强暴、所谋杀。

当文字与真实、善良、美好相悖，书写不再是思想与真情的表达，而是那迂腐的修辞、空洞的文饰。

它只是一具空壳，那些支撑生命的力量，全都赋予嘲弄与反讽。

第二辑　留下文明从头说

天字造型，何尝不是对整个世界的抽象？一横表天空，一横表大地，中间乃直立的人类。越是对着天字凝视，越是感觉一种素朴而伟大的力量蕴于其中。

就这样聊着“天”

如果不是特别提醒，你甚至不会将聊天视为一个语词，而仅仅视为一种轻松随意的交流状态、休闲散漫的生活方式。即令是作为语词，聊天给你的信息也许只是“聊”的状态，没有人去在意它后面，在意天的存在。虽曰“聊天”，所“聊”者，从来就不曾与“天”相关。

我们现在不是聊天，又是聊“天”——聊的对象是“天”。

天、地、人，整个世界的精彩被这三个寻常的汉字一网打尽。或者说，此三字让世间的关系与要素臻于至简、至朴、至真之境。上有天，白云苍狗，余晖脉脉，风雨雷电，春夏秋冬；下有地，群山起伏，江河浩荡，平畴如画，南北西东；中有人，古往今来，男女老幼，生死爱恨，中西共在。

天字造型，何尝不是对整个世界的抽象？一横表天空，一横表大地，中间乃直立的人类。

越是对着天字凝视，越是感觉一种素朴而伟大的力量蕴于其中。

无论是女娲造人，还是夏娃造人，抑或是远古森林里某一只类人猿忽而直立行走为人，我们所居住的这个蓝色星球总可以追溯到最初的那一天。你想，当最初的那一个或那一群祖先，带着惊喜与兴奋，行走于大地的时候，当他有了自己的语言并且用语言给世间万物命名的时候，天——这个将舌头伸直、贮满气流与张力的音节，从此就用来指称头顶那一片可望不可及的遥远与神秘。

天空，相对于大地的另一个不可知的存在。

白云千载，星汉灿烂，月圆月缺……

天有没有边界，它的边界在哪里？若说天似穹庐，它究竟由什么来支撑？天上是否亦如人间有国度，有生灵，有悲欢？

当人们的想象丈量不了天空的辽阔时，兴奋与激动的背后或许就是那抵达不了岸的放弃与沉睡。无数次睡去醒来之后，先人们不得不对头顶的这片空间报以庄严与虔敬。或许从最远古开始，天这个语词就不是对自然实在的指称，它的身上有着极为丰厚的文化信息。

先哲贤达们留下了太多的问天之语。

屈原之“天问”：“遂古之初，谁传道之？上下未形，何由考之？”

李白之“天问”：“天生我材必有用，我辈岂是蓬蒿人”；

陈子昂之“天问”：“念天地之悠悠，而独怆然而涕下”；

毛泽东亦有“天问”：“天若有情天亦老，人间正道是沧桑”。

……

在中国文化里，与其说天是一个自然物象，不如说它是一个文化心象。

诸如天空、天气、天高云淡、天寒地冻之类的语词并无太大的解读空间，它们远不像天意、天命、天然、天人合一、天行健之类的表达那样意涵深远。

天，永远是高于人类的一种存在。苍天无语，却笼盖四野，笼盖人间。因为凌驾、超越于一切凡俗，因为它具有人类自然力不可控制，甚至不可想象的先验、先在与神秘性，在数千年漫长的封建统治中，天一直享有至尊至圣、无可辩驳的正当性。此所谓，“人命尤可敌，天意不可违”。

从上天那里获得的合法性与正当性，对于任何凡夫俗子来说，都是一种绝对存在，有类黑格尔所说的绝对精神。于是，与天相关的文化心理链开始了千年缔结。就像阴晴雨雪不随人意一样，天意无上且不可抗拒。

对于历代统治者来说，他们虽然靠战争赢得江山，然而总得为自己世袭统治天下找到合法性根基。皇帝只有一家，用不着到人间寻找合法性了，只有诉诸“天意”。商之盘庚，为劝迁都，曰：“先王为服，恪谨天命，兹犹不常宁。”盘庚清楚，只有将迁都理解为天命时，才能得以实现。

没有哪个朝代的皇帝不自命为天子。天子，即天之子。这就意味着，皇帝远非凡身俗骨，其权力与地位均由宿命与先验决定。天惠苍生，其意授予天子。这样就构成无懈可击的逻辑：天有情，有意，有眼，它的代言人即是天子。天子只有一个，天子之子当然还是天子。这种关于天的政治解读，几乎一劳永逸地为历代统治者买下了专制与世袭的双重保险。

即令农民起义不断，天从来就是集结人心的第一力量。由此，不难理解陈胜吴广要在鱼里写上帛书，不难理解那面写着“替天行道”的杏黄旗。在他们看来，只有“顺乎天理”，方可“合乎人情”。

对于普通草民来说，天涵容万象于怀抱，日月星光、风雨雷电无偏无私地施予人间。世间的一切，还有谁能达此境界？因此，天成为最高的威权与公正、最终的明察与审判。

再看看天的语境吧：表绝无二念，曰“对天发誓”；表自己清白无辜，曰“苍天在上”；骂他人失去为人之根本，曰“丧尽天良”；表没有根本与法度，曰“无法无天”；无他人知道的秘密，谓之“天机”，意即只有天晓得。更多时候，老百姓对黑暗与丑恶的控诉往往亦指向天。有冤屈无处申诉，就是“叫天天不应，叫地地不灵”，甚者如窦娥所唱“天也，你不识贤愚枉为天……”

天不仅是公正无二的威权，更是一种绝对纯粹。最大的美，莫过于“天然无雕饰”；最好的婚姻，当然是“天赐良缘”；最好的长相，要数“天生丽质”……

天还有更高的文化境界。从至高处说起，天不是物理意义上的天空，而是哲学意义上的本原。在中国哲学这里，最根本的关系即天人关系。在哲学辞典里，在众多中国哲学语词中，天所坐的是第一把交椅。它是一个母概念，关乎整个宇宙与生命。天行健，君子以自强不息。天道即人道，天理即人理，天即人。此之谓天人合一。生命的价值与意义原是相通共融的。因此，能“究天人之际，通古今之变，成一家之言”的司马迁即令身受宫刑，其精神却永远昂扬威武。

当我们将天作聊的对象时，你会发现这个寻常的天字，它附着的内涵足以抵达文化的核心层。

并非人人圣贤。何必将价值的目标定到仁至而义尽那种高度？不可企及的高度，除了正面的感召之外，也可能衍生伪善与粉饰。

仁至义尽方无恨

文化之于种族，正如根系之于树木。庞大，深入，恒久。根——决定着花叶的繁茂与生命的荣枯。

我们此生无法逃离文化的投影，正如无法躲过交替的阳光和月色一样。

我们不得不惊叹，不少为传统儒学体系奠基的宏大语词，抑或命题，居然如此灵活地转换为村言俚语。在语词这里，文化的浸染力，往往超越庙堂与江湖、精英与草根。因此，不论是学者文人，还是村夫野老，抑或率尔操觚者，他们的日常言说里常常埋着极深的文化的因。

以仁、义为例。

在中国文化里，仁、义两个字几乎是整个儒学体系中最原初、最根性的概念，一个具有强大衍生性的母概念。这样的语词出自孔孟及历代博学鸿儒之口，几千年下来，他们早就告别了寂寞的圣贤典籍，轻盈地栖落于凡俗的口头。

与人共谋或与人相交，倘不得不终结与背离，而自觉情通而理达，已臻“于人无讥，于己无悔”之境地，此时，他尽可以双手一摊：“这样做，我已仁至义尽。”言下之意，即尽了最大努力，没有遗恨。从此，可以承受住任何良知的拷问。

仁至义尽，文化积淀极其深厚的言说。

仁与义，合为仁义。无论分而言之还是合而言之，它们都是儒家精神大厦的基石，是涵括政治、思想、文化、伦理、道德的境界与追求。至者，极点也；尽者，尽头也。仁至而义尽，意即仁与义的追求，在此时、此地、此事、此人上，都达到了最高点。连最看重的仁义二字都臻于极至，那还有什么好说的呢？此之谓“仁至义尽方无恨”。恨者，遗憾也。

在儒学阐释中，要坐头把交椅的，就是这个“仁”字。

翻开《论语》，集智慧、真情与幽默于一身的孔夫子，其学生多次问他何为仁。这个习惯于下断语而不屑于下定义的可爱老头，从来就不曾给出过标准答案。仁的内涵，因人而异，因境而异。“仁者，爱人。”因之，仁爱成为一个语词。爱人的原则有两条，一曰“己欲立而立人，己欲达而达人”；二曰“己所不欲，勿施于人”。此二者结合在一起，亦孔子所倡导的忠恕之道。但，仁最普适的解释却是爱。在儒家的道德与伦理诉求中，“礼”是他律，而“仁”是自律，援“礼”入“仁”或以“仁”释“礼”，从而将“礼”转化为生命内需，这正是孔夫子划时代的思想智慧及文化贡献。

孔子是仁的创立者，他之后数不胜数的圣贤站在不同的时代天空下，为这个简单的语词寻找新的意义空间。唐代的韩愈认为，“博爱之谓仁”；北宋以降，儒、道、释合流，“仁”由此获得哲学上的本体地位，“仁”的表现是博爱，但博爱不等同于“仁”。“仁”是人间大道。鸦片战争之后，在救亡图存的背景下，维新政治家以“仁”为“通”，中西相通。“仁”之本意，在于“与民同之，自由平等”。此后，还有人以“和”释“仁”。仁包括自爱、亲亲、仁民与爱物，仁爱的过程即由己及人、由近及远、生生不息的过程。如此一看，基于血缘的孝悌，乃仁爱之本。

孔子仁学思想的发展，首先得益于孟子。

孟子周游与论辩的最大主题，莫过于仁政。孟子倡言仁政思想的同时，一再阐释着儒学中的另一个大概念，即“义”。孟子跟梁惠王讲义利观，极为机警而形象地强调了人对社会的积极责任。“义”成为先于“利”的儒家人格理想与价值取向。

直到今天，关于“义”的语词依然极其活泼。义气、义道、义薄云天、义重情深、先义后利、义无反顾、舍身取义、等等。这些语词中的“义”，都是最深远的一双眼，它们代表至美至善的价值标尺和精神高度。

文化的精华如此广袤地开在田间。我们足以为礼仪之邦的中国而自豪。然而，我们又不得不反思：何以从中心到边缘，由官场、学界到职场，大家都在满嘴仁义，为何我们的文明素质依然令人叹息连连？我们的文化在语词美丽繁盛的背后，是否还存有某种病毒？

正如美得令人心碎的罂粟，正是一种毒。

并非人人圣贤。何必将价值的目标定到仁至而义尽那种高度？不可企及的高度，除了正面的感召之外，也可能衍生伪善与粉饰。

在文化的现代性改造中，我们更需要以基于人性恶的法度来约束，而不是仁至义尽的空洞表白。

我们固然要以一种诗性想象，将文明复原为最初的星光与曙光。然而，如果止于此，我们也许就会在文明古国的光晕下变得老大而虚妄。

21世纪的国人更应深切理解：文明的词根原本是公民。

留下文明从头说

文明这个词有如一颗光茫四射的神秘宝石，嵌于千里之外的林梢塔尖，辉耀晨昏，临照千山。

自古至今，文明所传递的是自由与公正、温暖与和谐、信赖与美好，它所标举的是整个人类的精神高度，是历史与时代的境遇，是生活与生命的境界。文明抵达的地方，意味着阴郁、黑暗、蒙昧的全线撤退，意味着尊严与幸福的真正降临。

无论一个怎样寻常的概念，当它与文明相遇后，就开始泛着愿景似的蓝色幽光。

由物质到物质文明，由精神到精神文明，由政治到政治文明，由生态到生态文明，后者所显示的正是物质、精神、政治、生态分别在“源于人”、“属于人”与“为了人”的过程中所达到的整体水平和发展境界。

对于文明这个古老论题，我们更愿意回到历史深处，怀抱一种四方来仪的中国情结，沉醉于遥远史书里的荣光与骄傲。因为，我们拥有绵延不绝的五千年文明史。

我们有意无意地留下文明从头说，甚至不惜以历史性的煽情，把人们的注意力引向曲径通幽的人文而避开理性至上的科技。这，正是我们言说文明的思想惯性。

文明的山那边就是野蛮。相对于茹毛饮血，火是文明；相对于竹简、木牍，纸是文明；相对于中世纪神权笼罩下的蒙昧，文艺复兴的人性觉醒是文明；相对于科技至上理念下人对大自然的征服，人文视域里的生态和谐便是文明。

中国汉字以它独有的造形与意义赋予文明以深刻内涵。

著名画家王西京先生说，“文”字上方的一点一横，其实是一种象形。它表示灯具与火苗，或表示太阳刚从地平线上升起，这个意象给人的联想是光芒普照，世界从黑暗走向光明。“文”下的那一撇一捺表示什么呢？这是个会意的符号，表示治理，即通过治理使天下安宁和稳定。“明”呢，左边一个日，右加一个月，显然具有日月恒久、昭明之意。因此，当文与明结合成词，它的基本意涵还是光明对黑暗的驱赶。推而广之，诸如教化对于愚昧、知识对于迷信、理性对于迷从、民主对于集权、自由对于专制等种种驱赶，皆在文明之列。

从汉字造字的原初智慧看，文明是最初闪烁在暗夜里的如豆光亮，是最早供人类照亮自身、照亮他人、照亮周遭的思想光亮，也是人类通过文化治理和教化，以“文”化成天下的结果。文明的过程，其实是社会由低级向高级的演进过程，亦是个体在他律与自律的双重作用下，不断由粗俗走向高雅的渐进过程。

在《周易》中，文明与人文的原初阐释是联在一起的：“文明以止，人文也。观乎天文，以察时变；观乎人文，以化成天下。”何谓“文明以止”？止，极限也，法则也。文明为自己立法的过程，正是人被“文”化的过程，亦即“化成天下”的过程。因此，在先民那里，文明的存在方式与表现力量，不是某种实体、某项成果，而是关于人之为人的一系列源自内心且最大限度地取得共识的人文要则、法度、体系与精神。

在中国文化里，文明更多的不是一个名词，而是一个动词。

我们对于文明的接纳，总伴随着对伦理法则的深度认同，对个体道德的强烈内省和对德性精神的自觉修炼。易言之，我们的文明意识是从“德”字衍生开去的。正如青年毛泽东在《新青年》中倡言体育时所说的那样，“文明其精神，野蛮其体魄”。

从文明的英语表述中，我们固然无从获得关于文明如薪火的形象感与情境感，但从它的音节构成中，从它的词根上，我们可以看到西方先民在文明理解上的不同取向和旨趣。

英文中的文明，写作 civilization。如果细察，你会看到文明之词根是“市民”“公民”，即 civil. 在我们这个国度里，几千年封建文化几乎是公民缺席的文化。祖祖辈辈，我们自觉接受并极力维护着主子与臣民的人伦格局，在山呼万岁的长跪不起中，我们何曾知道公民为何物？在男耕女织、自给自足的农业社会里，何曾知道市民为何物？在这么深厚的文化土壤里，压根儿就不可能有谁提及公民，更不会将之纳入文明的要义。

这是中西文化的根本不同。

公民，就是公众以一定方式将公共权力让渡给政府管理者，并对公共事物始终拥有最广泛的参与权、最全面的知情权、最有效的监督权。特别是，对于行使公权的政府，公民可以决定到底让渡给谁，拥有选举权与被选举权、罢免权与被罢免权。

公民之公，乃公正之公，公益之公，主人公之公。在古希腊人眼里，只有培养了真正的公民，文明才算有了自己的根。文明的词根乃公民。

古老的华夏文明离不开黄河流域的宽阔腹地与水草丰茂的丰富滋养，而处于爱琴海沿岸的古希腊城邦则不同。袁腾飞说，除了葡萄酒与橄榄油之外，他们的物产非常有限。出于生存与发展，上天赋予的地缘，无法为他们提供自给自足的温床。他们需要海上扩张，需要商品交换。他们注定要成为挑战和冒险、掠夺与征服的海盗，注定在自由交换中培植真正自由与平等的精神。更重要的是，为提升扩张与征服的战斗力，最初的小城邦不得不深植发生于个体与社会之间的契约精神，不得不实行公共的、民主的城邦政治。相反，中国的地理环境相对封闭，自然条件亦相对优越。如此幅员辽阔的国度，极易地方割据，各自拥兵为政。因而，确立中央集权，以集权与专制的方式谋求治乱和统一，自然成为人们走向文明的别一种政治与文化选择。

卢梭曾说：“作为公权权威的参与者，就叫公民；作为国家法律的服从者，就叫臣民。”在中国文化里，臣民还远不是国家法律的服从者，而是皇权和长官意识的绝对服从者。

文明是天边启蒙的星光，是划破长夜的闪电，是斩断愚昧的刀剑。这样谈论文明，都还只是指向文明之于人类的价值与功能。

文明究竟从何开始呢？文明发展的力量源泉在哪里？你尽可以说它从先验的德性教化开始，从尊重创造的慧光普照开始。

值得一问的是，如果我们连起码的公民意识都缺乏，德性会不会是异己的教条，创造力又从哪里产生？没有真正的公民，意味着没有真正的自由、平等与尊严，而没有自由又何谈创造，没有平等又何谈民主，没有尊严又何谈幸福？

我们固然要以一种诗性想象，将文明复原为最初的星光与曙光。然而，如果止于此，我们也许就会在文明古国的光晕下变得老大而虚妄。

请不要只是摇头晃脑地记诵着“见龙在田，天下文明”。21世纪的国人更应深切理解：文明的词根原本是公民。

"三"总是潜藏于人的意识深处，像一个稳定的三角架，为我们支撑起思维与言说的框架。

一分为三，或许比一分为二要符合美的法度。当你将一个圆平等地切分为三的时候，那将是一个美丽的扇形，轻盈而柔美。

说三不道四

商业文化渐染的现代人大多对"八"情有独钟，电话号码也好，车牌号码也罢，逢"八"便是吉祥数字，因为"八"与"发"谐音。"四"则不太受欢迎，毕竟它与"死"相近。

我想说的并不是"八"，也不是"四"，而是数字"三"。

"三"当然可以表数目，排在一、二之后。表示数量的"三"，语义唯一，无须多言。

然而，当你琢磨起那些带"三"的语词、俗语时，你会发现："三"字所表达的，其实远不只是数量，而是一种共通文化心理。

"三"总是潜藏于人的意识深处，像一个稳定的三角架，为我们支撑起思维与言说的框架。

自觉或不自觉地，我们总是把"三"作为整体理解的坐标与向度、元素与层面。

比方说，我们身处的世界如何描述？似乎庞杂得无从下手吧。不，在素朴的先人那里，再大的时空都可以简约为三。无论世界何其繁复，最基本的构成无非是天、地、人。天空里有什么？删繁去简之后，唯有日、月、星……

"三"是我们用以表达宇宙本源、万物繁衍的方式，它往往具有哲学本体意义。正如道家所言，"一生二，二生三，三生万物"。

以"三"作为思维与话语的结构要素，俨然成为一种惯性。我们是如此习惯于一分为三。

论历代贤君，有三皇五帝；论封建伦理，有三纲五常，有三从四德；论权力格局，有三足鼎立、三分天下、三权分立之类。

“三”并不只是一种政治与权力格局，而是基于文化传统的“一分为三”的认知方式、思维方式与结构方式。

论空间，人们很容易选择左中右、上中下；论时间，丈量方式也是三分的，如过去、现在、未来；论生命，所谓“三生有幸”，即前世、今生、来世；论视觉效果，有“三维”；论军队，分为海、陆、空“三军”……

几何学上有一条公理，叫三点决定一个平面。正因为这样，“三”是一个自足而稳定的系统。有了三点，自然支撑起一种架构。

我们最简洁的言说往往以“三”的方式来呈现。“三讲”是这样，“三个代表”如此。写论文，不凑成三个小标题，三个分论点，似乎就不足以成就一篇文字。讨论会后，领导最后作总结，也是模式化的“三点论”，什么思想上高度重视，行动上步调一致，方法上讲究落实之类的“会八股”。表面看，这是话语现象、思维现象。事实上，它们既是潜在心理定式的反映，也是一种话语惰性的流布。

在尚简尚朴的古人话语中，“三”不一定是确指，它表示的是“多”。“三人为众”，即多个人在一起就为众多。“举一隅而反三隅”“三人行，必有我师焉”“三军可夺其帅，不可夺其志也”……这里的“三”都是“多”的意思。“三令五申”“三心二意”“约法三章”亦如此。遥想古人于龟甲兽骨下刻下第一个“三”字时，他们已意识到：文字不是图画，绝不能再以四横来表示数字“四”了。这种意识，其实是非常了不起的抽象智慧。

很长一段时间，我们热衷于讨论一分为二。辩证，乃哲学智慧。“一分为二”却不见得是好的哲学方法。因为，它很可能带来非此即彼的二元对立，从而将事实简单化、分解化、原子化。在情爱关系上，“三元结构”经常会挑衅“二元结构”。三角恋往往成为情爱小说的经典情节。

一分为三，或许比一分为二要符合美的法度。当你将一个圆平等地切分为三的时候，那将是一个美丽的扇形，轻盈而柔美。

左右席位本无谓，而一旦成为政治席位，它又确确实实代表着鲜明的立场、阶级与派别。这就是语言里的权力遗存，语言里的政治投影。

左右本无语

左邻右舍，左臂右膀，王顾左右而言他。左右作为方位，总是相对无言。

因为历史与文化的赋予，左右的所指远远逸出了空间，而成为某种特定的角色与秩序，成为维护和表达尊卑的一种言说。

左臣右相，男左女右，在诸如此类的约定俗成里，我们看到的是人伦或文化之于社会缔构的强大力量，正如柳树的根系之于河岸的泥土。为什么臣在左、相在右，男在左，女在右？对于我们来说，代代相因，不证自明。

中国传统文化在本质上是伦理型文化，尊卑、高下、长幼之类的伦理秩序总如铁打的营盘，烙在我们的潜意识，并借重这样那样的设定、明令或暗示得以强化。

左右就是这样。

左右适用于哪些语境呢？左右表空间，即最贴近的人。伴你左右，大致相当于忠贞不二，不离不弃。左右表数量，与上下近似。这些都还是左右的基本义，没有太多的文化参与。

当我们说，左右局面、左右政权的时候，左右就不再是方位，也不再表估约，而是伴随着一幅粗略而形象的政治速写。皇帝坐中间，左为臣，右为相，列朝文武按尊卑列于左右。因此，左右被赋予了决定全局的超级力量，相当于控制、驾驭、主导。

左与右，正如上和下、前和后一样，本无关大小尊卑。但，所有的语言都是人类对世界的意义表征与价值建构。因为意义的赋予，左右的表达语境远远突破了方位的指称。

在一个极其追求伦理与位序的国度，左右不再是平等两方，而是身份、地位、官职、尊卑的暗示。

在封建朝庭，君子南面坐，左东右西；群臣北向立，左西右东。满朝文武依官职尊卑一字排开，位高者、位尊者在东，低者、卑者在西。今天的生活中，早无朝庭图景，但位序却无处不在。

若是比较正规的赴宴，一圈位置就是一幅尊卑位序图。比较常见的坐法是，主人居正中，背窗或向门——据说以狩猎为业的先民以为，背窗向门的位置最便于发现进攻者，故此位最好。主人右手第一个位置为最尊贵的主宾，然后按左贵右贱依次安排。其中，与主人正对的那一位，系买单人的位置。

在古代，以左右表示尊卑或显示位序，最典型的表现就是直接加在官职前。如左拾遗、右拾遗等。官职被贬，不言贬谪，谓之“左迁”。如“云横秦岭家何在，雪拥蓝关马不前”的诗句即出自韩愈的《左迁蓝关示侄孙湘》。

在中国历史上，究竟是左为尊还是右为尊，各朝的设定是不一样的。夏商周，尊左；战国时，一般尊左，军中却尊右。秦尊左，汉尊右，唐宋明清尊左，元尊右。有时左右位序也与活动性质相关，如在喜庆活动中，左为贵；在吊唁活动中，又以右为尊。

在中国，左右更多的只是尊卑地位的标识。在世界政治上，左右被赋予的意义则更为复杂。

1789年，法国大革命时期，路易十六因国内财务危机于凡尔赛宫召集“三级国民公会”。所谓“三级”，即三个等级的国民代表参与。第一、二等级代表的是特权阶段，代言的是贵族与教士；第三等级代表的是资产阶级，代言的是工人、农民、市民。当时，代表第一、二等级的吉伦特派支持路易十六，坐在他的右边；代表第三等级的山岳反对派，坐在国王左边。

两百多年前发生在法国的这一个历史镜头，从此被广泛地借以描述政治立场与派别。代表平民、主张改革者，大致相当于左派；维持皇权、反对激进者，大致相当于右派。

到了马克思那里，左右派的所指更加具有社资对立的阵营色彩。马克思认为，社会主义代替资本主义是人类历史发展的必然。从马克思主义的立场看，左派就是主张走社会主义道路的人群，右派则是主张走资本主义道路。右派中，又可分为改革派与守旧派。改革派主张学习社会主义，守旧派要求维护资本主义自由经济。

还有一对与左右相关的政治概念——左倾与右倾。简单地说，左倾就是认识超前于实际，右倾就是认识落后于实际。在中国现代党史上，“左”倾之典型人物与事件有：瞿秋白的“左”倾盲动主义，李立三的“左”倾冒险主义，他们都曾是认识超前于实际的错误表现。右倾的典型人物有北伐后期的陈独秀。他的错误叫右倾机会主义，或投降主义，因为他主张放弃党对工农运动的领导权。“左”倾右倾兼有的是王明，20 世纪 30 年代，王明犯的一直是“左”倾错误；到了抗战时期，则主张将抗战领导权交给蒋介石，又犯了右倾投降主义错误。20 世纪 50 年代，将无数敢于直言的知识分子统统打为右派，形成反右扩大化之势。然后是“左”的冒进，从“大跃进”到“文革”十年，极“左”政治带给了现代中国无限的灾难，亦演出了无数无泪的悲剧。

左右席位本无谓，而一旦成为政治席位，又确确实实代表着鲜明的立场、阶级与派别。

这就是左右里的权力遗存，语言里的政治投影。

在所有的语词中，没有哪个词能像“气”这样上天入地，沟通天地人心。于是，“气”往往成为欣赏文学和艺术的最大美学范畴。

生命之气

就像不会在意空气的存在一样，你可能不会在意那个冲口而出的“气”字，也不会刻意去琢磨它的微妙内涵，更不会琢磨那隐于其中的文化气息。

气者云何？不就是大气、空气、气流吗？不就是嗅觉感知的气味么？不就是相对于固态、液态的物质形态么？不就是春夏秋冬的气候更替、阴晴雨雪的天气变化么？这些“气”之所指，均有实体与之对应。

与“气”相关的科学诠释，确定，具体，可把握，可分析，可感知。沿着这种科学理路，即使走到路之尽头，你也无从见到汉语的神奇之光。

对于笃信天人合一的国人来说，“气”的语境并不存在于实体世界，而存在于精神世界。换言之，“气”并非存于世界的“外宇宙”，而存于生命的“内宇宙”。

生命之有无，就在于能否与世界进行气的交流。一呼一吸，吐故纳新，这是生命的基本表征。因此，“气”从来是一个与生命同在的概念。断了气，就断了生命。

“气”之本质与生命的本质相类。不知何来，不知所终，瞬息万变，自由流动。于是，人们将生命中所有的、不可知的宿命诉之于“气”，如气数、运气，等等。

当“气”进入生命的内宇宙，它的语义空间便空前拓展。一个人青春焕发，你可以说他有朝气，有豪气，有意气，很洋气；一个人敢说敢当，敢做敢为时，你可以说他有勇气，有豪气，很大气，不小气；一个人不现代，不时尚，不变化，你可以说他土气，呆气，哈气；一个人粗痞霸道，颐指气使，盛气凌人，谓之匪气，痞气；娇生惯养，回避艰苦，谓之娇气；人群汇集，谓之人气；生意冷淡，谓之不景气。

“气”与生命和精神的关联，很容易上升到道德命题上。一个人有大义，有担当，有信仰，我们赞其气节，崇其骨气，美其气壮山河的生命力量。正如文天祥所言：“天地有正气，杂然赋流行。”此外，像气量、气度、气象等均可成为人格评定的项目。

在所有的语词中，没有哪个词能像“气”这样上天入地，沟通天地人心。于是，“气”往往成为欣赏文学和艺术的最大美学范畴。

中国古人评论书法、文章及一切艺术，最高的评价莫过于气韵生动。有气韵，意味着艺术有了丰盈的生命。若曰文气不畅，或气脉不流，其言下之意乃枯槁与死板，停留于匠气的层面，远远说不上灵气。最好的表达是：字里行间有沛然而兴的气，此所谓气盛言宜。

到了中医那里，气是一种难以言说的生命状态。诸如理气中和、寒气太重之类，均为可意会不可捉摸的功能性概念，全然不像西医概念那样可与实体对应。到了围棋那里，“紧气”亦即对生命的逼使。气尽，即生命的终结。

气之阻障，亦即生命的阻障。因此，生气用以指发怒，上火。气死你，也就是有意激怒你；到底气难平，即生命难以处于平和的状态。

汉语里的“气”，原来如此复杂而微妙。

神圣感、苍凉感，孤单地远去；无厘头、搞笑、黑色幽默充斥着生活。

不是我们浅化了生活。或许是有太多的无奈，想说的不能说。于是调笑，并在调笑中品出些许苦的滋味。

轻松到死

如果愿意，且用目光锁住这个“死”字。就这样紧紧盯住它，你会意外发现：这些笔画，果然传达出生命寂灭的窒息，永不复明的绝望，永别人间的终结。

“死”上的那一横，特别压抑，似乎掐断了所有的气息，只留下僵硬与长眠。

自孔夫子那句“未知生，焉知死”开始，在文化传统里，“死”从来就是一种集体禁忌。人们对于“死”的态度总是三缄其口，讳莫如深。

在我们的语库中，人死了，总得想方设法，将“死”转换为极其含蓄的方式。如老了，走了，不在了，归位了，升天了，见阎五爷了，归西了。还有现代一点的，叫“见马克思了”。北方还有什么“翘辫子了”之类的说法。

中国文化终归重生轻死。一方面，国人小心翼翼地绕过“死”字说话；另一方面，人死之后的悼念仪式又多少带点轻喜剧色彩。别的地方“风俗”不详，在长沙，街头或乡野，人死了唤作白喜事。既为喜事，放点流行歌、电影，甚至唱歌、唱戏都是习以为常的热闹。不知这究竟是庄子“齐生死”的思想表现，还是乐感文化的惯性使然？总之，死是一场生命的仪式。

从文明演进的历史看，人类对于死的恐惧，恰恰标志着生命意识的飞跃。

新兴的网络文化却将附着于“死”字身上的厚重记忆与历史影像消释殆尽。人们渐渐以一种调侃的语调、游戏的姿态，言说人生的“黑色幽默”。

有段子云：0 岁出场亮相，10 岁天天向上，20 岁远大理想，30 岁奋发图强，40 岁基本定向，50 岁到处吃香，60 岁打打麻将，70 岁到处逛逛，80 岁拉拉家常，90 岁挂在墙上。

挂在墙上，成为死的另一种表达。

本于此，“挂”成为死的代名词。功课不及格，学生轻松一扬头：“挂”了科。以“挂”言死，见证着诗性而智慧的汉语言永远都将“形象”奉为掌上明珠。

当初谁曾想过以“挂”字来说死。今天，若试着将一些用死的地方改成“挂”，“挂”里有太多生命不堪承受之轻。

“生的伟大，死的光荣。”这是刘胡兰的墓志铭，谁要说她“生的伟大，挂得光荣”，我们的感情可能接受不了那种失去神圣的轻飘。“一不怕苦，二不怕死。”好像是说《林海雪原》里的杨子荣吧？若用今天的网络语言转译，则成了“一不怕苦，二不怕挂”，这种表达效果，正如一个西装领带的人脚上踏一双拖鞋那样不靠谱。

今天的多元文化，是一种消解与解构的文化。人生不再是风雨兼程，不再是奋进与登临，而是打电话——不是你先“挂”，就是我先“挂”。

神圣感、苍凉感，孤单地远去；无厘头、搞笑、黑色幽默充斥着生活。不是我们浅化了生活。或许是有太多的无奈，想说的又不能说。于是调笑，并在调笑中品出些许苦的滋味。

在浩如烟海的经典诗文里，很难见到“搞”的身影。而今，它却以一种满不在乎的表情颠覆着古汉语的精致，并以它特有的懒散，卷走庄严的儒雅与正襟的书香。

与“搞”相关

若论构词力的强大，难有出“搞”之右者。

“搞”之频频，恰如外交家的握手和艺人的微笑。

在浩如烟海的经典诗文里，很难见到“搞”的身影。而今，它却以一种满不在乎的表情颠覆着古汉语的精致，并以它特有的懒散，卷走庄严的儒雅与正襟的书香。

“搞”，总有点吊儿郎当，像那一身休闲的邻家少年，在语词中晃悠。稍不注意，“搞”字就会随手将某个语词拖到身后，就像某个老朋友突然从背后拍着你的肩。

一些惯用名物被“搞”字轻轻勾搭后，立马便转化为一种运行与动作的状态，并生成诸多新的内涵。关系本寻常，“搞关系”则变得意味深长，逢迎、巴结、请客、送礼、运作，均可成为其潜台词；“运动”亦很普通，“搞运动”却总令人想到“文革”似的民族伤痛；“名堂”本无深意，“搞名堂”则意味着阴谋诡计，暗箱操作。“对象”可能指情侣，“搞对象”即男女交朋友，比起“相爱”这样的字眼，略显粗糙的同时也尽显直截。

不论什么名词，只要被“搞”粘上，内涵就如月色晕开。“搞鬼”，不是去捉鬼，而是“搞不成”；“搞饭”“搞菜”是烧饭做菜；“搞票”则特指凭人情关系弄到演出票与火车、机票之类，与“搞门路”一样，典型的中国特色。滚滚尘世间，唯钱、权、色三者，世人趋之若鹜。“搞钱”，多指敛财或官员受贿；“搞斗争”，多指政治争斗；“搞女人”，则指没有感情地玩弄女性，或仅指与女人做爱。“搞路”则可能是做正事，或特指某种私密。

凡是愿意与“搞”相配合的动词或形容词，总传达一种特定的时代气息。当人们从政治观念的桎梏中走出，“搞活”一度成为时尚热词；“搞晕”“搞疯”等被列入日常的“抱怨词库”，现在多简略为“晕”；泛娱乐时代里“搞笑”自然为人青睐，“搞平衡”“搞帮派”，则可能成为政治家的手腕；在人们的注意力越来越难以集中的时候，搞怪不得不披上行为艺术的衣衫。特别是，在人际被誉为“人脉”的时代，在事事讲功利运作、讲利益交换的时代，“搞定”二字，永远焕发着眉飞色舞的神采……

“搞”的吸附性有点像磁之两极。后面可以吸附，前面亦可。如“乱搞”“恶搞”等。

“搞”就像打五笔时键盘上的Z字键，任何情急之下，都可以临时顶替。“搞什么”、“搞什么搞”“搞不赢”“搞不成”“搞不动”，均为使用频率极高的生活用语。或许正因为它们生动地传达着生命的自然与野性，没有人在乎它的雷同与单调。

语词亦如生活，很多时候会出现强烈的去精致化取向，正如人会无端地想扯下那规规矩矩的领带，去释放自己的酒神冲动一样。

很多时候，我们并没有在意过那个映照生活的水面，正如我们不曾在意过自己的心灵是否存有湖水一样。

水 之 魅

在所有与水相关的语词中，最能展示水之魅的，莫过于水灵。

一座山，一座城，一片花树，一村人家，因为有了水，顿时便有了活脱的灵气。

水是生命之源，水之灵气其实就是充盈激荡的生命气韵。

甘肃鸣沙山下的月牙泉，在江南水乡的游客眼里，或许不过是寻常院落前的一眼碧塘。然而，当旅人穿过无垠的黄沙、逼人的热浪来到她的身边，他心中的焦躁会忽而沉静下来。微风轻轻摇动水边高过人头的丛生苇草，他很想在泉边的树荫里坐下，优雅、恬淡地坐下。在哟嗬一声放纵后，心中升起淡淡的柔。

这，正是水的力量。越是干枯、龟裂，越是泥土的壁立与风化，越是冒着白烟似的千年焦灼，越能衬出水之宝贵。

没有水，纵是田万顷，山万座，终归属于寂寞与枯萎。所谓江山，江在山之前；所谓水土，水在土之前。

人类文明的渊薮莫不在水草丰茂的大河、大江、大海边。黄河、印度河、尼罗河、底格里斯河、幼发拉底河、爱琴海，来自这些江海里的水，滋养着我们这个星球最早的文明，它们是最初的绿之原与绿之岛。

无论是黄色大陆文明还是蓝色海洋文明，它的魅力都在水。水，从来就是一个孕育万物的母性意象。有了水，就有了生长，有了流动，有了浸润与勃发。

在中国文化传统里，人们对于水的想象与敬意更多地转化为各种文学隐喻。

“德”的地位至高无上。以水喻德堪称水之灵性第一义。

《老子》云：“上善若水，水利万物而不争，处众人之所恶，故几于道，居善地，心善渊，与善人，言善信，正善治，事善能，动善时，夫唯不争，故无尤。”

在老子这里，水完全人格化、道德化了。水乃“上善”之人，因其“不争”而“无尤”。

今天我们以静水流深的状态来描述生命意境，这里面必然伴随着关于水的道德想象吧？

水之灵性，缘其柔。水不仅喻德，且多喻人之情怀，特别是儿女情长。“柔情似水，佳期如梦。两情若是久长时，又岂在朝朝暮暮。”这是秦少游的浪漫衷肠吧？

“问君能有几多愁，恰似一江春水向东流。”那是南唐后主的百结愁绪吧？

在一些方言里，“水”甚至又是漂亮的代名词。姑娘长得很“水”，亦即貌若天人。

自古以来，文人们特别习惯于让至美的爱情在水边上演。从“在水一方”或“秋以为期”的伊人到飘若惊鸿的洛神，没有水，似乎就没有荡舟心许的如水爱情。

水是至德的，至情的，又是生命飞逝的见证。从孔夫子那一声“逝者如斯夫”的感叹，至诸如“百川东到海，何时复西归”的无数回应，我们从水流花谢里深切地意识到人生的短促、生命的无常。

水，还有更大的一种灵性，特别是在现代都市里。

如果一大片城市建筑崛起于水湄，蓝天与高楼一同倒映在波光艳影之中，那是不是一种特别的灵动和神奇？在青岛栈桥，在武汉东湖，在南方深圳，在北国大连，那样的城市景观总令你如入画境，劳顿的心很快安宁下来，飞扬起来。

何以会有如许奇妙的感觉呢？正是因为宽阔的海水或湖水让我们同时发

现了两个世界的美丽。——如果水面以上的楼宇、树木、苍天是现实的、急促的、功利的世界，那么水中倒映的则是它们摇晃的影子，那是一个虚幻的、幽雅的、审美的世界。

倘若是夜里，华灯初上的时候，你漫步江边，看楼宇蓝红相间的彩灯在水里幻化成彩色的光晕，看江边昏黄的灯光被摇落成水墨似的光影，那时那地，置身于生活世界与辉映生活的倒影世界之间，你会生出生命的敬意吧？

然而，我们并没有在意过那个映照生活的水面，正如我们不曾在意过自己的心灵是否存有湖水一样。

“多”与“难”，让一代孩子的脸上难见阳光，难见笑容。他们戴着眼镜，脸上总有一层关于学业的忧郁，有一层睡眠严重不足的苍白。

这是“兴邦”，还是“毁人”？

如此“多”“难”可兴邦

汶川地震发生的那一年。通过电视转播，我们看到，温家宝总理神情凝重地走向灾后的废墟，走向伤痛弥漫的人群。当他拈一支粉笔，在黑板上竖着写下“多难兴邦”四字的那一刻，我们看到的远不是中国字的苍劲与工稳，而是一种眼泪过后的天蓝，一种握紧拳头的信念，一种超乎语言的力量。

多难兴邦。一部浸透着血与泪的中国历史，深重的灾难里到底有多少振兴的热血在涌动，到底有多少寒星在驱逐浓重的黑暗？无法细数那风云的诡谲，无法实录英难的呐喊。当所有的尘埃凝成今日的平安，留下的只是敬畏，只是无言地回望。

多难，兴邦。这是一个民族的血性与倔犟，一个百折不挠的梦想。越多的灾难，越能砥砺一个民族的意志，越能显示一个民族的坚强和伟力。

然而，我这里谈的“多”“难”不是天灾，不是战火，而是教育不堪承受之重。

中国教育走进一个多难的时期。原本花朵般自由的孩子，他们面临的却是“多”与“难”。

多者，作业多得出奇。一个十二三岁的中学生，你知道他要做多少作业吗？数学、外语、语文，没有哪一科不在争抢孩子回家后的时间，并且以一种你死我活的战斗方式在争抢。学科各自为政，似乎谁都不曾想过，你这科作业与他那科作业，完成的主体是同一个孩子！更绝的是，过去，我们主要做语数外作业，现在不，连政治、生物、地理、历史，什么课程都留作业。

老师永远不要担心没有作业可布置。出版社与学校在利益驱动下，冠以各种名目（有了一套“零失误”训练还不够，还订有这样那样的报纸，这样那样的同步训练）的资料如浊浪般涌向孩子。这些琐碎、重复而平庸的试题像一把利剪，将孩子的灵光全部剪断！

这些将学生死死摁住、掐住的资料到底在絮叨些什么呢？

且举一例。有一段阅读材料，大意是父亲鼓励儿子从山岩下来。儿子开始不敢下，在父亲鼓励下，才迈出了第一步。文中一句的大意为：我小心翼翼地将左脚探到石头上，终于踩住了，心中便有了信心。试题问：我迈第一步的时候，是否克服了恐惧心理？

你说克服了吗？我说这简直是无聊透顶的弱智问题。说没有克服吗？不对。我开始不敢动，后来不是小小翼翼地下去了吗？说克服吗？不对。我走的时候，不还是担心吗？你说克服没有克服？我想，只有出题人这个根本不懂文字为何物的蠢才才能提供与之匹配的愚昧吧。

这就是教育中的“多”，“多”而“愚”。多之外，便是难。

以前，学生去老师那里补课，大抵是因为学习有困难，老师格外关爱。现在，情况大变，即使每次考试都是九十多分，即使在班级、年级一直优秀的孩子，无不争着去老师那里补课。补课不是耻辱，而是最大的时尚。据调查，现在一个班的学生中，至少有80％的学生将课堂知识学过两遍以上。有些学生，在上课前上预科班，上课后又去上补习班，还单独去老师家补课。老师的教学也是越来越难。初中一年级的许多内容，不管哪个学科，都不但往前赶，并且往难的方面深究。你很容易读懂教材，却对付不了那令人头大的试卷。

“多”亦有，“难”也有。这就是今日之中国教育。

“多”与“难”，让一代孩子的脸上难见阳光，难见笑容。他们戴着眼镜，脸上总有一层关于学业的忧郁，有一层睡眠严重不足的苍白。

这是“兴邦”，还是“毁人”？

一个时代的堕落首在于教育。教育是一切因，一切果。当年科举下的八股，注定了中国若干代青春学子被完全禁锢。这种禁锢下的民族与国家，怎么可能不积弱而又积愚？今天，我们将一代孩子压到这些劳什子试卷上面，我们会有美丽的明天吗？

如此说潜能

发现自己的潜能，每一个字眼都充满魅力。

发现，即全新揭示；自己，标志自我的觉醒；“潜能”，一种无形的感召。发现自己的潜能，这个句子正如掩藏在花树深处的小径，通向极高、极远处，像那一声哲学的发问：认识你自己——

无论对于成人，还是成长中的孩子，发现自己的潜能，终归是一道生动而美丽的命题。理如此，事亦然。

因为，我们一刻都无法拒绝发现，拒绝自己，拒绝潜能。

然而，当你读到下面这些谈论“潜能”的句子，并要求你在横线上填空的时候，你的感受会是怎样的呢？

1. 自我是不断发展的，自我有着很大的________空间。人的潜能犹如一座有待开发的巨大金矿________，价值连城。

2. 人的潜能是多方面的。人的特长往往是人某个方面________的表现，还有许多潜能隐藏在角落里，未被发现。

3. 发现自己的潜能，是取得________的重要条件。

4. 我们要做________人，善于把潜能发掘出来；我们需要对自己有一个比较合乎实际的评价，包括评估自己的潜能，以判断今后发展的方向。

5. 经常给予自己积极的__________；在心中想象一个比自己更好的

________形象；在________中激发潜能。

上述5个句子，句句都在谈“潜能”。但，谁又能准确地在横线上填出相关语词？

我相信，在这个世界上，即使是对“潜能”最有研究的一流学者与教授，即使你是一个哲学博士或心理学博士，你绝对无法做出这样的题目。

我同样相信，一个学者、教授、博士面对这样的填空题，他的第一反应绝不是如何答题，而一定要惊呼：他们是不是真的疯了？

这些横线上要填些什么呢？请看——

1. 自我是不断发展的，自我有着很大的发展空间。人的潜能犹如一座有待开发的巨大金矿，蕴藏丰富，价值连城。

2. 人的潜能是多方面的。人的特长往往是人某个方面的潜能的表现，还有许多潜能隐藏在角落里，未被发现。

3. 发现自己的潜能，是取得成功的重要条件。

4. 我们要做有心人，善于把潜能发掘出来；我们需要对自己有一个比较合乎实际的评价，包括评估自己的潜能，以判断今后发展的方向。

5. 经常给予自己积极的暗示；在心中想象一个比自己更好的自我形象；在实践中激发潜能。

几乎可以断定，如果你找不到那本叫《思想品德》（人民教育出版社，2008年3月第三版）的初一教材，如果你不一字一句地阅读第51至53页间前后7个自然段的文字，我敢说，即使你问遍全世界，你也补不全上面这则“天书”！甚至可以说，就算你找到了当初这册教材的编写者，找到了书写这一框内容的作者，他也不一定填得完整而正确。

然而，这不是“如果”，而是现实。在一本与七年级上册《思想品德》配套使用的所谓《全效学习同步学练测》的教辅资料里，这种“天书”般的题目，千真万确地横亘在孩子的面前。孩子们不得不亦步亦趋地在空白处填上诸如“发展”“蕴藏丰富”“有心”“暗示”“自我”等字眼。

看着那个13岁的孩子在苍白的灯光里，一笔一画填着这些“空白”，你难道没有涌起一丝痛心！为当下的孩子，为当下的学校教育！

如此学习，几乎“百无一用”，何“全效”之有哉？

设计诸如此类的填空题，或许找得出有利于熟悉教材内容的庄重理由。然而，它所预设的学习理念却落后得近于愚昧！为什么要填写这些“空白”？这里预设的前提无非是：学习《思想品德》课，就是要记诵课本上书写的这些话语、这些阐释、这些结论。教材上关于发现自我潜能的这些论述都是不可变更、增删一字的“绝对真理”——“空间”前一定得填“发展”，“金矿”后务须填“蕴藏丰富”。不知有孩子将“发展空间”写成“成长空间”，将“蕴藏丰富”写成“蕴含丰富”有没有问题？让这些孩子填写这些“空白”，让他们像描红一样重复教材的话语，目的究竟在哪里？是说这样的表达是唯一的，还是说这样的分析是唯一的？一个人的思想总如清泉流动，关于潜能的表达，何止万千种？凭什么说教材编者写的这么几个平庸的句子就得让孩子们将它一一记诵？

别看如此一道小小的填空题，它所暴露的学习理念是极其可怕的：知识僵化，话语僵化，思想僵化。

可怜的孩子，你在一笔一画补全这些教材话语的时候，可曾有一丝愉悦涌上心头？你是否还觉得《思想品德》是一门修身的课？

翻开与教材配套的所谓《全效学习同步学练测》，我们看到：每一课、每一节设计了大量的，形形色色的填空、选择、分析、说明、问答题。

以《发现自己的潜能》这一小框内容为例。教辅的体例分：“学习指南”“知识管理”“归类探究”“课时作业”四大板块。若不计链接材料，《发现自己的潜能》之教材上的文字前后 7 个自然段，不过 600 字。围绕这 600 字阐述，这本所谓的“全效”出了多少题呢？“知识管理板块”，填空题如上。“归类探究板块”，共 4 道选择题。“课时作业”之单项选择题计 13 题，看图谈感想 1 题，分析说明 1 题。整个字数为 4000 字左右，是教材字数的 6 倍之多。

以 600 字阐释的极其简单的一些道理，竟以 4000 字的篇幅，近 20 道题目来训练之，甚至“点悟”之（不知“点悟”是啥意思，教辅上一再用这种生造语）。这还仅仅只是《思想品德》一节教材里的一框内容！若是在《自我新期待》这一课里，课文正文篇幅不到 3000 字，《全效学习同步学练测》则有 24000 字以上，是教材字数的 8 倍左右！前后设计的题目近 60 题！这些，都可能成为《思想品德》课的家庭作业！

实在无法想象，一个孩子全部做完这些绕来绕去的习题到底得花多少时间，到底有多重的负担？因为，像这样的功课有八九门之多！生物、地理、历史、数学、英语、语文，科科都配有这些资料，有些科目还远不止一种！

那么，这到底是些什么样的题目呢？上述填空题，已经让你看到冰山一角。更真实的面目还不在此。

随手从“发现自己的潜能”之选择题里，摘录几道。

1. 人的特长往往是人某个方面________的表现。

A. 智能　　　　B. 潜能　　　　C. 特点

2. 每个人都有自己潜在的可供开发的惊人潜能。然而，现实生活中却并非每个人都能把自己的潜能发挥出来，取得应有的成就。这其中一个重要的原因是

A. 人的身体素质不同

B. 人的认识自我潜能的心态与激励自己释放潜能的程度不同

C. 人的家庭背景不同

3.《塞下曲》：“林暗草惊风，将军夜引弓。平明寻白羽，没在石棱中。”李广将军之所以在夜晚用尽全身力气将箭射入坚硬的石头中，是因为他

A. 力气十分大　　　B. 技术高超　　　C. 调动了自己的巨大潜能

以上全是只有唯一答案的单选题。

凭笔者的知识与见解，似乎每道题都存在着无以名状的怪异和匪夷所思。

第一题，按标准答案，特长是某个人潜能的表现，即 B。很纳闷：特长难道不是特点的表现？又难道不是某种智能的表现？凭什么说它只是潜能的表现？

第二题，讨论一个人的潜能何以没有发挥出来，标准答案说是 B。如果说潜能没有发挥是因为身体素质不好，为什么是错的？有人天资潜能确实不错，可是身体不好，老打针吃药，不会影响他的潜能吗？有人潜能是不错，家里不让他学习，环境不允许他有大的发展，那不是影响他的潜能吗？这些

备选答案为何都错了?

第三题，更是不可思议。这样的诗，明显是写李广的箭术神奇，力大无比。凭什么这些答案全是错的，独独说他调动了自己的巨大潜能?牵强附会，令人瞠目结舌。

还有分析题也存在太多的无法理喻。比如，题目问:“确立个人的目标，只需要从自身的实际出发。”这种说法对吗?为什么?

在我看来，这种说法当然对。既然是确立个人的目标，不从自身的实际出发，还从他人的实际出发吗?然而，我的答题肯定错了。孩子告诉我:确立个人的目标，还要根据社会的需要。社会本位与个人本位的对立，前者对于后者的消解，从这些粗暴而武断的文字即已开始。在这样的言说里，还奢谈什么启发主体智慧、培养个体人格呢?

从来不曾如此细看过当下《品德与社会》的教材，更不曾如此细看与之配套的这些教辅。真是不看不知道，一看吓一跳。里面的思维方式居然如此刻板，题目居然如此荒唐，数量居然如此繁多!

学生焉有不“恨学”之理?

这里谈的居然是“潜能”。这样能开发潜能吗?“潜能”在这里只是一种莫大的反讽!

一本教材都配一本《全效学习同步学练测》，而里面的题目又是如此不忍卒读!

僵化，错误，愚昧，随处可见。

你说，它们要将中国这些十多岁的孩子引向哪里?

为什么每个学科都要配这么多教辅?几个“回扣”背后，你可知道它对孩子意味着什么?

教辅编写者在计算字数，计算版面，计算几个可怜的稿费时，你们是否想到:这么多害人的选择，对孩子意味着什么?

出版社在赚得这些昧心钱的时候，你可知道它对中国的未来意味着什么?

最近在读《梁启超传》，深切感到:一个时代的堕落首在于教育。教育是一切因，一切果。当年科举下的八股，注定了几代中国青春学子的被完全禁锢。这种禁锢下的民族与国家，怎么可能不是积弱而又积愚的？

今天，我们将一代孩子压到这些劳什子试卷上面，我们会有美丽的明天吗？

我们不担心别人来打败我们，我们自己亲手在制造着未来的毁灭，毁掉一个时代的创造，一代人的青春。

或许是“结合”天然具有取百家之长的便利，休管争论得多么激烈的学术问题，只要“结合”往中间一坐，两边的争论便各退50步。“结合”的这种便利，往往让它一不小心就成了“安理会”与“和事佬”。其最终的结局是，所有的学术讨论成为非学术的“话语稀泥”。

“结合”的上一问

思绪久久停在“结合”这个语词上，就像一只黄色的蝴蝶无意间栖落于某一枝草尖。

这个不显山、不露水的语词，居然雅可上厅堂、俗可入厨房。

太多太多的语境里都有它的身影晃动，我们从来不愿多看一眼，就像不会在意某一辆支在屋檐下的旧单车。

“结合”关乎哲学与文化，宏大而深远。它从来就不习惯于学术庙堂，永远保持着谦和的隐者风范。

何为“结合”？“人或事物发生密切联系”或“结为夫妻”——《现代汉语词典》如是说。

按照马克思哲学原理，世界是运动变化的，也是普遍联系的。联系的普遍性，显然注定了结合的普泛性。于是，“结合”就像一片万能钥匙，启开形形色色的语境。

“结合”，更多地被我们当成一种方法与策略。自思想、政治、文化至科学、文学、艺术，无不如此。

当帝国主义的坚船利舰轰开晚清沉重的大门，当西方文明以海盗与天使的双重形象呈现在国人眼前的时候，中国文化如何学习西方文化的时代命题，有如蓝色海浪，激荡着无数先行者的忧患与锐思。“结合”成为近代中国思想文化的主调。或言中体西用，或言中学西源，各立一方，各执一词。中西结合总以兼顾的公允，在激进与保守间行走，轻而易举地就赢得最大的认同。相反，“国粹主义”或“全盘西化”却因“结合”气质的缺失而显出有悖中庸的偏执。

文化如此，思想与政治亦然。“结合论”的阐释力，似乎无往而不胜。马克思主义理论虽好，若不与中国革命的实践相结合，那只是书斋里的卷帙、广场上的演说；社会主义的政治愿景虽好，若不与中国社会经济发展现状相结合，就不会有“中国特色”；西医立足于器官、功能、解剖等生命科学，头痛医头；中医则立足于天人合一，望闻问切，着眼整体，养气通神。二者各有利弊。于是，中西医结合便成为临床新宠。

从来不曾意识到：“结合”这一语词的统摄力如此强大！

当我们视“马克思主义原理”为放之四海而皆准的真理时，“结合”几乎为中国学术设定了一个公共框架。即理论共性与学科个性的结合，普遍原理与一般原则的结合，理论支撑与实践运用的结合。于是，我们对诸如“以马克思主义普遍原理为指导，结合本学科实际”或“对照上级指示精神，结合本单位实际”的“说明”总是耳熟能详。

以教育为例。什么都在“变”，似乎“结合”从来就不变。20世纪五六十年代，我们提“教育为无产阶级政治服务，与生产劳动相结合”，关键词是“服务”与“结合”；时至今日，我们依然变着法子说“课内与课外相结合”“思想品德教育与学科教学相结合”，“打好基础与发展特长相结合”，不一而足。

至于语文教育更是“结合”泛化的一个重要区间。特别是建国以来的语文教育，永远都在要求我们做好结合文章。学者们煞有介事地告知，语文学科的性质不是工具性，亦不是所谓的人文性，而是“工具性与人文性相结合”；语文教学的目标不是知识与能力，而是知识能力、过程方法、情感态度三维一体的深层次结合。

或许是“结合”天然具有取百家之长的便利，休管争论得多么激烈的学术问题，只要“结合”往中间一坐，两边的争论便各退50步。“结合”的这种便利，往往让它一不小心就成了“安理会”与“和事佬”。其最终的结局是，所有的学术讨论成为非学术的“话语稀泥”。

不是工具性与人文性各执一词吗？好！你们都别吵。理想的状态是工具与人文的“结合”。语文教育是实用语言教育重要，还是文学教育重要？都不要争，两者“结合”最重要。科学教育好，还是人文教育好？科学与人文相“结合”最好。总之，只要出现两端，“结合”就适时出现在中间，以调停的姿态轻轻抹去所有的思维锋芒与学术个性。你还不能怨它，因为“结合”很容易摇身一变，成为“辩证”的另一种表达。

以上所谈的结合，所依的思路是由现象到后果，属于顺流而下。现在，我们不妨变换一种思路。不再问“结合”的“下一问”，而是想想“结合”的上一问。

“结合”的上一问是什么呢？从字面解释看，就是“人和事物发生密切联系之前”是什么状态？显然，如果已然是一个联系体，那就无须再言结合。言结合，意味着它们原本是分离的，不在一起的，没有联系的。正如男女结婚，此前一定是不相关的个体。这样往上追问，“结合”所显示的思维方式便显出了它的苍白。

中国文化与西方文化为何要结合？因为，它们原来是两种不同的文化。中西医为何要结合？因为，它们原本是两种不同的医学。现在，我们问，语文教育中的工具性与人文性为何要结合？因为，它们原来是不相联系的两种语言质素吗？学校德育为什么要与学科教学结合，因为它们原来是不相关的两个教育场域吗？这么一反问，立马就发现了这些习以为常的说法背后其实都是些说不通的貌似学术。

再往上问一问。为“结合”提供根本支撑的是什么哲学观？若论宇宙观念的话，科学哲学所宣扬的是机械论宇宙观，即宇宙如钟表一样是一个巨大的机械装置；生命哲学所主张的是生态论宇宙观，即宇宙是一个充满生命气息的生态系统。

我们到底是站在机械论的高度上谈结合，还是站在生命论的高度上谈结合？若从机械论立场出发，我们无时无刻都离不开结合。它的隐喻是汽车之动力、车身、轮胎之类的机械结合，是外在的勾连与融合，是网的编织，是非生命的结合。

然而，若从生命论立场出发，结合其实是个多余的语词。你会说，让人的左手与右手、左脚与右脚结合、左心房与右心房结合、大脑之左半球与右半球结合吗？不会吧。因为，这些结合原来是内在于生命的，不曾分离过，何需结合？语言其实也是有生命的，所谓人文、工具之类，纯属于好事者的强加标签，它们从来就是左手与右手一样，何须结合之？

“结合”的上一问，原来有更原初的理论预设，有最本真的生命理解。

“结合”，岂能包打天下？

你与空气相连，与白云相连，与推窗而望的那一片葱绿与散淡相连。

散步的时候，你与每一朵花，每一株树相连，与每一个古老的传说，每一个神秘的启示相连。就这样，我们与周遭连成一个生态整体，与世界融为一个生命整体。

相　连

心手相牵，血脉相连。

此种晚会式煽情，早被现代传媒演绎成艺术化的俗滥与公式化的深情。

然而，无论话语凝固成怎样苍白的格式，你不得不承认：没有哪种相连的力量大于心灵与血缘。

阳光下的心灵晤对，基因里的血脉流长，都从根本上决定了人之为人的高贵和尊严。

如果没有心灵与血脉的相连，生命根本就无法找到意义。如果不是与“你”相连，与“他”相连，与整个历史和世界相连，我的生命还会有什么意义?

是“相连”，让我们不断地将“自在的生命”提升为“自为的生命”。

这样那样的“相连”编织着我们的生命与生活。

有些“相连”，时时会提醒它的存在。比如，父母以唠叨的方式，提醒着永不断线的牵挂；情人以海誓山盟的方式，提醒着独享与唯一，守护与永恒；上司以任命和奖惩的方式，提醒着压力与问责；朋友以喝酒小聚的方式，提醒着倾诉与信赖。还有，月光提醒着相思，春燕提醒着温暖，节日提醒着习俗，建筑与街道提醒着斑驳的时光……

人与人的相连、人与自然的相连、人与文化的相连，让我们的生命不可能成为物理意义上的“单子”。

其实，还有更多的相连，它隐在我们的生命深处。

想起某年暑假去兰州的事。

在西北逛了一圈之后，当返程的飞机于暮色中降落到黄花国际机场的那一刹那，我生出一种强烈的感觉。

尽管有手抓羊肉和兰州拉面的大快朵颐，然而，在西北，时时感到自己是匆忙的过客。一到长沙，才觉得脚下的这片土地是如此亲切，似乎马路上都散发着熟悉的气味。

从来不曾像当时那样，仿佛长沙的每一寸土地都是“我”的，都是与“我”相连的。

如果不是外出数日，就这样驱车至黄花郊外，这种与土地相连的感觉，又何曾会有？

机场是机场，我是我，我与机场似乎永不相干。

然而，在一个异乡游子的脚下，故乡的土地才给了他真正的归属感。那时那刻，突然理解了隔海相望是一种怎样的痛彻心扉。

看不见的“相连”又何止故土呢？

每天，你与空气相连，与白云相连，与推窗而望的那一片葱绿与散淡相连。

散步的时候，你与每一朵花，每一株树相连，与每一个古老的传说，每一个神秘的启示相连。

你与文化、习俗相连。你与农家小炒肉、萝卜丝煮鲫鱼、酸豆角肉泥、剁辣椒蒸鱼头、大蒜辣椒炒肉连在一起，甚至，你与满口长沙土话连在一起。

我们就这样浸淫在生活的惯性里，浸淫在文化的血统里。

我们就这样与周遭连成一个生态整体，与世界融为一个生命整体。

如果我们将左边的“6”看作是一个星座，一个北斗星座或织女星座，那么右边的“1”则是一条浩瀚的银河。

如果左边的“6”像一棵探着头的小小幼苗，那么，右边的“1”则代表一根苍天的大树。

如果将左边的“6”想象成一个深深的脚印，那就把右边的“1”想象成一条长长的道路。

6·1的意象组合

在所有的日子里，没有哪个日子比6月1日更加清纯，更加天真，更加可爱。如果日子有表情，那么“6·1”属于盛开的鲜花与笑脸；如果日子有色彩，那么“六一”属于金色的旋律、绿色的童话和蓝色的诗行，属于斑斓的气球与梦想。

长江后浪推前浪。“6·1”是如此牵动我们的心。因为它是孩子的节日，它总在提醒我们时光的匆忙和教育的重要，提醒我们唯有“青出于蓝而胜于蓝”才可能成就超越与辉煌。

当你随手在纸上写下“6”和“1”，你能由两个阿拉伯数字想到什么？

联想如一只栖息的水鸟，忽而振翅飞向高远的天空。

我愿意将“6·1”组合成星空，梦想的星空。

“6”和“1”，如果我们将左边的“6”看作是一个星座，一个北斗星座或织女星座，那么右边的“1”则是一条浩瀚的银河。宇宙之大，生命之微。从远古至今天，人类一刻都不曾停止对星空的仰望。因为，星空代表着所有神秘的未知。仰望星空就是仰望未知，仰望未来，仰望我们星斗般的梦想。孩子，请让我们那探索未知的理想在星空下飞翔。即使我们只是无数星座之中那小小的一颗，因为每个梦想的闪光，我们一代人的思想与智慧终将汇聚成河，汇聚成流光溢彩的银河。

我愿意将“6·1”组合成一片森林，一片爱的森林。

如果左边的“6”像一棵探着头的小小幼苗，那么，右边的“1”则代表一根苍天的大树。大树长出小苗，小苗长成大树，这是最基本的自然规律。大人培育孩子，孩子长成大人，同样是最基本的生命繁衍。

维系这一成长过程的是什么呢？是责任与爱。因为有大爱，人类得以区别于动物、植物，而成为这个星球上的“万物之灵”。

六一儿童节的最初设立就源自爱。85 年前的 1925 年，当时 54 个国家聚集在瑞士首都日内瓦，发出设立儿童节的倡议。从此，许多国家都设有儿童节。旧中国，我们曾以每年 4 月 4 日为儿童节。1949 年 11 月，国际民主妇女联合会在莫斯科召开会议，为谴责德国法西斯对儿童的暴行，纪念在二战中死难的儿童，保障儿童基本权益，决定将每年 6 月 1 月定为国际儿童节。

从历史中，我们清楚地看到：“六一”儿童节，其实是一个爱的节日，来自于成人对儿童世界的真诚关爱。

爱儿童就是爱生命，爱儿童就是爱未来，爱儿童就是爱自己。

还有什么样的境界能超过人间大爱？感受爱，是因为想要报答爱。因此，我们所有的学习动力，不是分数、名次与名牌幼儿园、小学、中学和大学，说到底是因为爱的报答与爱的给予！希望孩子们常怀爱人之心，在最纯洁的纸上画最美的人生图画。

我还愿意将“6·1”的意象想象成一场行走。

你可以将左边的“6”想象成一个深深的脚印，把右边的“1”想象成一条长长的道路。千里之行，始于足下。无论前进的路上是风雨还是阳光，是坎坷还是平坦，是荆棘还是鲜花，我们都不能退缩。坚持不懈地朝着心中的圣殿走去，总会看到美丽的霞光。

孩子，我们拥有了星空般的梦想，拥有了森林般的大爱，拥有了行走的姿态，我们就可能拥有最幸福的童年，就可能是最幸福的孩子。——这是我对你们的心愿与祝福。

给孩子一片梦想的天空，让他们去飞翔；给孩子森林般的大爱，让他们去体验；给孩子一条自由的道路，由他们去行走。这是“6·1”的联想。

第三辑　话语里的文化遗痕

因为太过实用，太过庸俗，久而久之，我们远离了千奇百怪的想象，远离了天马行空的创意，远离了挑战生命的探险。我们在感恩于土地的同时，渐渐淡忘了天空的召唤；我们奔波于温饱的同时，也渐渐失去了对生活的奢望与追求。

话语里的集体无意识

（一）

小时候，常常因为某种有趣的游戏而疯闹和沉迷。如打陀螺，滚铁环。玩得过分了，便免不了母亲的大声斥责："玩，玩，玩，成天就晓得玩，玩能当得饭吃吗?"是的，不管多么好"玩"，毕竟当不得饭吃。于是，只能绕开怒气冲冲的母亲，将陀螺或铁环，轻轻丢到门后，转身拎起水桶去挑水，或拖个扫把去扫地。

"再好，也当不得饭吃"，如此冲口而出的话语，我们实在听得太多，也说得太多!

衣服那么贵，为什么要买？因为漂亮啊！漂亮有什么用？又当不得饭吃。是的，漂亮衣服当不得饭吃；漂亮老婆也当不得饭吃，金银财宝何曾当得了饭吃?

"当不得饭吃"说明了什么呢？说明"吃饭"是衡量一切价值的基准，它是至高无上的，无可替代的。易言之，世间万事，没有比"吃饭"更大的事了。此之谓"千事万事，吃饭是大事"。

吃饭是最基本的生存命题，当然也足以成为高深的哲学命题。

人类总得在满足衣食住行等基本需求之后才谈得上自我发展与自我实现。但是，若将这个句子放到20世纪六七十年代或更早期一点的中国，这类话语中其实积淀着强大的集体无意识。

那就是对于饥饿的忧虑与恐惧。毕竟，没饭吃的日子太多，饿死人的时候太多！在人头攒动的街市或静寂空旷的乡野，在中国的每个角落，人们见了面，最为常见的问候莫过于“吃了没”？

“吃了没”比任何惊天动地的历史事实都要深刻百倍地烙进一个民族的记忆！站在时间的巷口，回望近百年来蜿蜒的历史，在整个国家受尽列强凌辱的日子，在侵略者的铁蹄践踏我们尊严的日子，在内忧外患、连年炮火的日子，数以万万计的黎民百姓，他们可曾“家中有粮”？可曾真正吃得上一顿饱饭？当“吃饭”问题得不到解决，谁能说还有比这更危及生存的大计？

从某种意义上说，“吃了没”由浸染着历史的话语演变成今日这一句寒暄，此间不知隐去了多少伤痛、多少对于生存的关切！或许，在其他国家、地区，“吃了没”根本就不足以成为一个问题，在我们这里却享有至高无上的话语地位。

话语里的伤痛并不能被时间完全抹去。

当吃饭被历史性地视为生活第一大事时，一系列价值判断亦随之衍生。我们看到，与吃饭直接相关的活动总被当成至为根本的事业，而不与之直接发生关联的活动则显得无足轻重。因之，在我们的传统里，历来重视的是耕种，而手工业、商业从来都遭贬抑，更不用说琴棋书画这些雕虫小技了。以农为本、重农抑商的价值取向似乎已从吃饭为上的集体无意识中隐约可见。

由此带来的问题是，我们习惯于将实践等同于劳动，甚至就是手工劳动。我们最欣赏的就是“日出而作，日落而息”，我们最不可原谅的就是坐到树下发呆与思考。或许在耕种为先的农人眼里，罗丹的《思想者》雕塑，无非是一个伤风头痛的造型。

因为太过实用，太过庸俗，久而久之，我们远离了千奇百怪的想象，远离了天马行空的创意，远离了挑战生命的探险。我们在感恩于土地的同时，渐渐淡忘了天空的召唤；我们奔波于温饱的同时，渐渐失去了对生活的奢望与追求。

今天，我们早就走出了物质匮乏的时代，“当得饭吃吗”这样的质问早已稀缺，取而代之的是诸如“道德能值几个钱”“诚信能买几个钱”“信仰能值几个钱”等金钱至上的冷漠反问。

这，是不是意味着一种新的集体无意识正在生长？

（二）

有时候，话语的集体无意识会表现为一种幽微而复杂的心理。

且以习见的粗口为例，略微分析。

绝大多数骂人的话语，都与性事相关，尤其与女性相关。“妈妈的”“妈妈叉”“他妈的”“狗娘养的”“婊子养的”“日他祖宗”“通他八辈子的娘”“通他的娘”等等。这种话语的背后藏着怎样的文化密码呢？

首先，如此普遍地将女性置入恶毒咒骂的语境，非常典型地体现出中国文化中存在的男权中心及男尊女卑的观念。骂这些粗口的人，以男性占绝大多数。

其次，这些粗俗话语表达了中国文化最基本的性取向，性从来就不认为是美好的，相反，它几乎与丑恶、与下贱、与无耻等道德审判联系在一起。然而，性似乎又是彰显男性反叛、征服、占有力的方式，是表达男性胜利与快感的方式，因此，男人在高声骂着“通他的娘”的时候，会从中获取莫名的豪气与满足，尽管这个过程里并没有性幻想的参与。

第三，这些粗口暴露出中国社会结构的特点，即借以维护中国社会结构的乃是家庭本位的封建宗法伦理。因此，骂娘还不足以泄愤，还得通他祖宗十八代。

（三）

从集体无意识生成的角度看，话语的背后其实是一种思维方式。一个朋友无意中给我发了一封小学生写给老师的检讨书，朋友是当作笑料发来的，我一看，却深感悲凉，为孩子检讨书里的话语方式、思维方式。孩子这样写道：

今天，阳光明媚，天气晴朗，海枯石烂，神圣的五班正在知识中遨游，而我居然在吃辣鱼仔，玷污了五班这一脉清泉，影响了同学们的学习，摧残了祖国的花朵。我简直对不起父母，对不起老师，对不起人民，对不起列祖列宗，对不起党，对不起中华人民共和国，可能我吃东西会影响同学在思考，可能影响了他们的未来科学家的头脑，影响了他们为未来社会主义特色国家的建设。而且，我毛病特多，打瞌睡是一种罪，大声喧哗，说粗口，迟到，上课吃东西，等等，数之不尽，多如天上的繁星。如果打瞌睡是一种罪，我已经犯下了滔天大罪。如果迟到是一种错，我已经一错再错。但我感谢您，你宽容大度的气度令我得到重生。我感激的泪水可以填满塔里木盆地，我感动的心跳好比汶川大地震，我浪子回头的决心赛过女娲补天。感谢老师给我这样一个机会，可以贴在公告栏，令同学们可以监督我。我一定好好学习，报答学校，报答社会，报答共产党，报答社会主义特色的中国。

或许这份检讨书有些艺术夸张。这种话语方式，我们一点都不觉得有多夸张。不知诸位从中读到了什么？孩子上课吃零食也好，迟到也好，打瞌睡也好，都是成长过程中、教育语境下发生的，属正常的缺点与问题。然而，整个检讨书的口吻完全是犯罪嫌疑人在法官面前的坦白与忏悔。实在无法想象十几岁孩子说出“滔天大罪”“重新做人”“得到重生”之类的话语时，是一种怎样的心境与感受！话语的背后是典型的敌我对立的思维方式。学生犯点小错，即类同于犯罪。怎么会这样？如果我们不是以学生为敌，如果不是把孩子当成“缩小的成人”，如果不是以成人世界的标准去框定孩子的天真，他们怎么会这样言说？

学生一点点小错误，他就说对不起党，对不起国家。这不是玩笑，而是事实，实在幽默不起来的事实！此时，学生所有的言说都不来自于真实的心灵，而来自于教师空洞的训导。教师平时分析课文时倘不是习惯性地去抽象与拔高，孩子怎么会如此说话？

在这些歪歪斜斜的文字里，我们何曾看到半点童年的影子？何曾听到半点童年的声音？

救救孩子！

救救我们自己！

50年殖民地历史，铭刻在普通民众记忆或书写于台湾历史上的，更多的是被奴役的屈辱和卑下。如今，殖民地民众的隐忍与屈辱，已被雨打风吹去。然而，在话语里，我们仍轻易地发现日本文化的殖民遗痕。

话语里的文化遗痕

如果你有足够的雅兴，请将某一个生活语词视为一粒情人梅或青橄榄，在寂寞的旅途里缓缓品味，或将它当作一壶新沏的碧螺春，轻轻吹散那些飘浮的热气，啜饮水里的春色。

几乎所有的话语里都存留着或深或浅的文化印痕。

悠远而隐约，深刻而丰富，微妙而闪烁。

方言的文化遗痕最为古远和朴拙。比如，浏阳话、长沙话都存有相当有意思的古代语词。浏阳人不说“洗脸”讲“洗面”，不说“炒菜”讲“焙菜”，“面”与“焙”都是古语词，意即“脸”与“炒”；长沙话，讲“寻丝觅缝”，“觅”字读的是古音，读成“miè”，意思是“寻找”；不说到哪里去，而讲“到何址克”，“何址”看起来很土，其实比“哪里”要古远得多。

到了台湾，听台式国语，你很难说他哪个字词没读准，但又分明感到它有着特别的调子与味道，总与纯正的普通话有点不一样，话语里有一种无法抹去的台湾风味。这种风味糅合着闽南语的柔软和粤语的铿锵，还隐隐带有一种温存的质感与撩人的狐媚。

不可思议的是，稍微听过几次，非但不觉不好，反而感觉这种话语里有一种特别的质素，亲和而典雅，甚至还因为缺了普通话那种正统与规整而显得可爱而有趣。

台湾自古是中国的领土。早年它曾被荷兰人占领，明将郑成功收复台湾的英雄伟业早已刻入历史的石碑。然而，1895 年，中日甲午海战爆发，历来以天朝自居的中国，竟被昔日前来朝贡的日本小国彻底击败。朝野震动，天朝梦断。作为战败国，中国将台湾割让给日本。从此，台湾进入了长达半世纪的日治时期，沦为地地道道的殖民地，直至第二次世界大战结束的 1945 年，台湾才回到当时的国民政府手中。

50 年殖民地历史，铭刻在普通民众记忆或书写于台湾历史上的，更多的是被奴役的屈辱和卑下。如今，殖民地民众的隐忍与屈辱，已被雨打风吹去。然而，在话语里，我们仍轻易地发现日本文化的殖民遗痕。

台湾计算房屋面积的单位，不是我们惯用的“平方米”，而是“坪”。“坪”，即典型的日本计量单位。一“坪”即两个日式榻榻米的面积。显然，这只是众多话语中的一例。即令当下的台湾生活，日本文化的影子依然随处可见。在一些上了年纪的台湾人那里，讲一口流利日语者，不乏其人。或许存有历史的因缘，台日经贸交流依然相当频繁。我们看到，台湾满大街跑的计程车、公私小车，仍以日系车居多。台湾宾馆客房的空间，特别喜欢用玻璃，普遍表现出对空间的节省意识，这与日本是一致的。

在台湾，倘要找人打听“方便处”，问洗手间或化妆间在哪，而一般不要问“厕所”或“卫生间”在哪。我不以为这只是习惯的不同。将厕所称之为“化妆间”，此中亦有日本文化之遗痕。

从影视中看到，许多日本女子，特别是上了年纪的中年日本女子，都习惯于化妆，脸上总要抹一层粉底，眉毛总要修饰得细长细长，唇上大多涂有艳色的口红。台湾的中年女子，亦如是。是不是化妆成为日常所需，成为社会的普遍行为，才会将厕所命名为化妆间呢？至少有这种可能。

其实，对我们这一代人来说，化妆曾是一个极为贵族的语词，它甚至与资产阶级的腐朽、堕落、糜烂、奢华等联系在一起，所有“打破旧世界”的无产阶级革命者，都应当给予足够的鄙夷与唾弃，并旗帜鲜明地将“美”与“人性”视为资产阶级的专利。

我们宁愿千人一面地穿着大裤子，穿着足以看不到女性曲线的军服，带着帽子，在混乱的大街歇斯底里地呼喊口号，在贫穷的天地间歌唱着空洞的豪情。那时候，化妆意味着一种被革命的生活方式，我们何曾敢去碰触？

在那样的情势里，我们做梦都不会将“厕所”称为“化妆间”吧！我们心底里那种对美的向往，只能寄托在归家途中采撷的一束野花，以及别在衣襟上的油菜花。

很长一段时间，我不喜欢那些化妆的女子，特别是习惯性地将那种浓妆艳抹的女子视为浪荡风尘者。

在台湾，见那么多画着眉、涂着口红的中年女子，忽而感觉，化妆其实是一种文明的标志，也是对他者的一种尊重。从整体上说，化妆的女子不是妖艳，她们与那些结过婚、生过儿女的大街女子或粗野农妇完全不一样，她们从来不是大大咧咧地打着哈哈，不是松松垮垮地嚼着槟榔，不是把衣服穿得稀里糊涂，不是一脸菜色。

她们所呈现的，与其说是一种生存质量，不如说是一种生活态度。它关乎现代文明，关乎美，关乎尊严与尊重。

其实，台湾的话语遗痕还远不止于诸如此类的殖民文化。

今天年轻一点的帅哥靓妹多喜欢这样的表达：“这几天放假，你有去过同学家吗？”或“电影《阿凡达》挺火的，你有看过吗？”像我这样的老土，最开始总觉得这个“有”字是多余的。因为，我们从小就不这样说。后来，才明白这类话语最初来自台港影视。我思忖：为什么需要这个“有”字呢？这里的“有”字显然只发挥着音节助词的功能，那它是不是有点类似于英文中的“have”？ “have”即“有”。你有看过吗？相当于英文所说“have you seen?”

如果真是这样，那么，这种言说的背后，其实是来自于英语文化的一种渗透。

拼音联想里的“黑色幽默”

拼音输入，基于汉字读音，入门几无门槛，会拼音者即会打字，指法愈熟练，录入愈快捷，其缺点是汉字同音字多，选字麻烦。

五笔输入则不同，它基于汉字的字形构成，以字形的唯一性有效地回避了同音字多、选字烦难的问题。但它有门槛。欲用五笔者，得先花点时间背诵诸如“王旁青头五夫一”之类的口诀，然后反复训练，牢记每一个字形构件所对应的键位。

如果是一般的文字录入，用拼音抑或用五笔，纯粹是一种个人习惯，一项熟能成巧的录入技术。

然而，在键盘迅速取替纸笔的时代，有一个基本的事实无法忽略，那就是：选择一种输入法，很可能是在选择一种思维方式。

选择拼音，你大脑所反射的信息全是字音，是这些字音所对应的键位，这时候，字音始终处于你思维的亮区，而字形悄然潜伏到思维的暗角。比方，你欲在键盘上敲“什么”这个词，以拼音输入，一条由“s—h—e—n—m—e”组成的信息流，如光束般从脑际一掠而过。因为这种信息流的强光作用，“什”作为左右结构——左为单人旁，右为“十”字——之类的形码信息不但得不到强化，更不可能形成光束式的信息流。长此以往，思维与汉字的字形结构之间，很难建立起那种心理同构的生命联系。

大脑逐渐习惯于抽象的“音”反应，而非具象的“形”反应。汉字表形的那种整体性意境或诗性，很可能在此种日复一日的“音”反应中变得麻木，直至泯灭。

或许，这种思维方式的悄然变化以及为这种变化所付出的代价，尚不为拼音输入者自觉。因此，是“音本位”的拼音输入好，还是“形本位”的五笔输入好，这样的问题似乎不只是关乎输入的速度或差错率，更深层的问题其实还是思维运行是否与汉字书写的生命节律相契合。

当我们以五笔写作的时候，尽管手未写字，思维却在隐形地书写，这样的过程其实是地道的“中文”输入过程。它的便捷与流畅，总让我们疑心拼音输入过程中，那种将音码翻译为形码的转换，可能会对思维形成不小的干扰，特别是从几个同音词里挑选的时候。

尽管如此，网民中用拼音者依然占着多数。因为，拼音输入无须记诵五笔形码口诀，并且还有自动联想的功能。然而，正是这个自动生成的录入功能，制造了大量的网络流行语。

“什么”何以叫“神马”?“版主”怎么称“斑竹”?

“大侠”何以叫“大虾”?“同学”怎么称“童鞋”?

“小朋友”何以叫“小盆友”?“这样子”怎么成“酱紫”?

“没有”何以叫“木有”?“我”怎么成了“偶”，“好的”怎么成了“好滴”?

太多网络当红语词，太多当红语词里的无厘头，全与拼音输入相关。

它们，成了拼音联想里的“黑色幽默”。

当初那个准备在键盘上敲击“什么都是浮云”的“大虾”，用的正是拼音输入。他输入的是“shenme”，跳出的却是“神马”。其时，他正一脸落寞，吐着长长的叹息，看着屏上跳出的文字，他的嘴角浮着无奈的笑。他懒得去选正确的语词，神马就神马吧。啪啪啪地往下敲，如同自顾自地往前急行。“神马都是浮云”，就这样以“去精致化”的形象出现于网络。此时，那些飘在网络空间里浮躁的心，那些找不到刺激、找不到“陌生”刺激的人，他们忽而发现“神马”比“什么”更可爱，更搞怪，至少它在无意间颠覆了话语的正统。

正如所有无厘头对于严肃的消解，网络从这里获得了话语再造的轻佻与狂欢。

将“什么”处理成“神马”，人们寄望的正是在网络的虚拟里暂时挣脱那千年文化内在的唯一合法性。他对于正统怀着不满。就像一个小孩子，故意要在他爷爷头上放一朵雏菊。

这种流行所透露的是一种放弃，一种无聊失语或莫名追风的迷与醉。这是对汉语言诗意与美感的放弃，也是对文化守护与传承正统的放弃。

何以放弃？更深的心理在于，在这个富足而平庸的时代，在这个安全感普遍缺失的时代，人们习惯于以这样那样的搞怪来抵抗空洞，来表达那不曾死去的幽默。

整个社会正想以这种作践话语的方式，来嘲弄那微如草芥的自我生存，进而对这个时代的思想空虚与文化浅俗投去冷冷的目光。

英语是表音文字，汉语是表意文字。翻译那些专用语词时，我们所选择的汉字，往往天衣无缝地将表意文字的优点表达得淋漓尽致。一些本无意义的英文发音居然如同汉语的天生，形象、意境、蕴藉之美尽在其中。

音译词并非只是简单的音节转换，它里面有着太多的文化转换和文化想象。

音译词里的文化取向

三皇五帝到如今，如此早熟而又如此辉煌的汉语言、汉文字、汉文化，几千年大浪淘沙，几千年栉风沐雨，依然充满生机，充满生命的智慧，这不能不说是了不起的文化胜景。

在我们这个星球上，文明的熹微最先绽放于涵养着生命的江河大海。中国之黄河，印度之恒河，埃及与巴比伦的底格里斯河与幼发拉底河，还有滋润着希腊、罗马的爱琴海，这些美丽的河海所带来的远不只是水草丰茂的生命给养，还有静水流深的生命灵性。

今天，相较于两河文明、印度文明、希腊文明而言，黄河文明的文字、语言及天人合一的思想方式，依然魅力不减，光华如新。而最早建起金字塔的神秘艺术，最早书写于两河流域河滩细沙上的楔形文字，以及古老的拉丁语言，都渐渐消逝于历史的烟尘。更重要的是，像两河文明当初所创立的那一整套文化价值，早就失去了它对世界与人生的阐释力。

它们曾是人类文明古木上长得最早的一片叶子，如今却成了夹在历史书页间一枚风干的书签，失去了曾经的奕奕神采。

当海德格尔们执著于存在的追问，西方思想家不约而同地以不同的话语系统呼应着中国先秦时代的天人合一，呼应着和谐与生态的绿色思绪，提出要从东方智慧中寻求西方文明的救赎之途。新儒学的崛起更是将中国文明抬到现代性拯救的至高地位，甚至不惜表现出民族主义或民粹主义的偏颇。

其实，中国文化保持青春的奥妙之一，正在于它比任何一种文化更兼收并蓄。任你哪一种强势异质文化侵入，最终的结果绝不是被以儒为主的汉文化拒斥，而是被其吸纳并同化。这一点，大可以从佛教传入中国变为禅宗，蒙古、满族入主中原后的汉化等重大历史中寻求依据。

然而，我所寻求的证据却是语词，那些很可能被一掠而过的外来语词。

英语是表音文字，汉语是表意文字。翻译那些专用语词时，我们所选择的汉字，往往天衣无缝地将表意文字的优点表达得淋漓尽致。一些本无意义的英文发音居然如同汉语的天生，形象、意境、蕴藉之美尽在其中。

首先跳入脑海的这个语词叫“伊妹儿”。从字面看，伊即“她”，即“伊人”，你尽可以想到“秋水伊人”，想到“所谓伊人，在水一方”，想到“为伊消得人憔悴”。“妹儿”，当然是青纯美丽的可人儿。这样一来，这个音译词其实是一个少女形象，活泼而秀丽，可人又清新。以这样一种“形象”来寄送邮件，显然是伴随着美好想象的动心之旅。对于被电脑深度介入的现代生活来说，记住美丽的“伊妹儿”，比记住你家的门牌号更为重要。或许英语语词最初的造词者，并不曾料到 Email 这个单词竟会在遥远的中国，产生如此动人的文化联想！它们本只是几个音节的组合。神奇的汉字，开启了这个无意语词的想象空间。

这样的词其实相当多。如“迷你裙”，英文是 miniskirt，“mini”本是微小之意，译成汉语便是“迷你”，很特别的字面含义。迷住你，或让你着迷。想想，女性的裙子，那般超短，对男人来说是不是一道迷人的诱惑？

还有“伟哥”。这个词今天成了壮阳药名，男人们于茶余饭后谈论它的时候，习惯于结合色情与调笑。然而，在英文中，它是 viagra，意思是精力旺盛的。将 viagra 译作“伟哥”，实在妙不可言。“伟”者，雄伟、伟岸、挺拔、伟大、伟丈夫之意，标志着此药的效果或祈愿，“哥”当然是男性。“伟哥”既是音译，此中又何尝没有汉语文化对英文文化的吸纳与文化改造？

“引擎”，英文中叫 engine，动力之意。在我们眼里，“引”与“擎”似乎是两个极具动感、显示力量的汉语。隐隐地，它与动力又是那般适切。

“modern”译作摩登。不知为何，感觉这语词似乎有种特别的听觉效果，很容易让人想到某个穿着高跟鞋的妙龄女性“噔噔噔”地从阳光下走来。

“肥皂”的命名亦很有意思。何以叫“肥皂”？盖缘于“皂荚”有去污之功，这一命名显然切合中国文化语境。然而，又何以有“舒肤佳”的品牌呢？原来，它源于英文单词 safeguard。“舒肤佳”似乎天生是一个肥皂的商标，何曾想到它只是一个英语译名？两种文化在这些细节上如此美好地相融相映，汉文化的同化力又如此深刻地得到彰显。

音译词并非只是简单的音节转换，它里面有着太多的文化转换和文化想象。

当我们身处现代浮躁与市场功利之重重包围下，当我们在城市车流、人流、物流、信息流的涌动中熙来攘往时，这些古色古香的语词似乎都已幻化成遥远的记忆，恍如暗香浮动，拨动着心灵一隅的诗意。

语词的见证

语词很可能透露一个时代的价值观念、生存状态与生活方式，连着源远流长的文化血脉。

细雨、危楼、梧桐、庭院、长亭、烟柳、春山、秋水、落日、明月、薄雾……所有这些浸润着古典意趣的语词，或多或少传达出古人行走于山水田园、吟啸于松风朗月下的生活旨趣，传达出一份心物相通的谐和。

当我们身处现代浮躁与市场功利之重重包围下，当我们在城市车流、人流、物流、信息流的涌动中熙来攘往时，这些古色古香的语词似乎都已幻化成遥远的记忆，恍如暗香浮动，拨动着心灵一隅的诗意。

在日常语境里，古典语词显然不再实用，它意味着现代人的审美注意早已发生了转移。

随着这些语词的远去，农业社会的缓慢悠然、宁静致远、闲情逸致渐渐让位于房价、薪酬、股市、婚姻、酒吧等生存、经营、爱与娱乐等实际困境。

很多新语词会在某个神秘的历史之夜绽放，亦如杏花，在清晨的街巷芬芳一路。

如郁闷。这个词的流行起来的时候似乎只在几年间。原来不觉得它有什么特别。忙碌的现代都市人，忽而意识到这个词最能表达心头的繁杂与压抑。就业、工作、结婚等郁结在一起，心中憋闷。郁闷，或许代表了一代人的普遍情绪，一不小心就成了口头禅，正如薄雾轻愁之于李清照。与郁闷相应的还有我们常说的晕、晕死。

再如飘。“飘一族”，显然是烙上时代印痕的语词，是一代青年在体制外就业的整体心路。相较于旧体制的稳定，失去归属感的青春，迁徙无定。“飘”这个词，再现出居无定所的无奈，远离家乡的无根，为寻梦而来的飘流与浪迹，心灵的茫然与寂寞。这种感觉显然不同于李白、苏轼的山川游历。“北飘”“南飘”之后渐有“飘一族”，现在又有所谓“蚁族”。这些新词以后将成为历史，但它们永远都是折射一代人生活与心态的地下云母。

这些是由时代生成的新词。当然，还有许多语词随着时间流至新的语境，在指称新的现象与物事的时候，它们亦如老树开出意想不到的花朵，让你感慨汉语的深刻智慧。

比如20世纪90年代初，东南沿海经济发展迅速，内地的人才纷纷进据这些地方。此时，以汉乐府中的“孔雀东南飞”来描述，其形象与雅致，一定是数千年前的汉代文人所不可预想的精彩。文本解读的现代观点表明，文本的意义是解读不尽的，读者始终参与着意义的建构。其实，词语的诠释何尝不是这样？运用者时刻都在赋予它新的含义？

赋予新的意涵，并不等于形成新的辞典意义。比如说，夫唱妇随最初的场景是古典时代或农业时代夫妻关系的伦理诉求。这种和谐的格局，伴随特别的信赖与封闭。

当世界打开，夫妻间不再是“你耕地，我织布”，而是“你有你的铜枝铁干，我有我的红硕花朵”的时候，两种角色在具有独立性的同时，彼此的依赖感、依附感被大大减低，不信任感亦大大增强，特别是在诱惑之陷阱防不胜防的时候。于是，有人开玩笑地这样阐释“夫唱妇随”：“丈夫去唱歌，老婆跟踪着去窥视”。

哑然之余，不得不感慨语词意义建构者的智慧。

谁在不断为词语赋予新质呢？一是互动的网络与传媒，二是成长中的青少年。这些年从网络产生了多少新词？诸如“达人”、GG、MM、潮人、雷人、忽悠、太有才……话语如感冒病毒传染着。习染成性，一个词因传媒而流行起来。

韶华催人老，亦催语词老。一层一层的语词老去，正如一代一代的背影远行，一季一季的黄叶飘落。语词飘落，如轻声叹息飘落于时光的谷底。

语言的生老病死

一个语词就是一种生命存在。

生命，意味着语词不只是烟波浩渺的海洋，更是生生不息的家族。

生命，意味着新陈代谢，生老病死，意味着因时而化地传承与革新。

此刻，我更愿意将所有的语词家族想象为一个村落。

在这里，有些语词如古老而模糊的祖先想象，它们只能勒于山林碑石或悄无声息地伏于线装故纸；有些语词如挂在墙上的遗照，在敬仰的目光中陷入永恒的寂寞；有些语词如杜杖而行的老者，在村口张望岁月的风烟；有些语词则是那奔走的青壮，健步如飞而又谈笑风生；有些语词则是不断创造新奇与时尚的新生代，活色生香而又魅力四射；当然，也有些语词只是那呀呀学语的小不点，人见人爱，花见花开……

且随意打开一册文言典籍。数一数，那些文字里，有多少语词已然寂寥，多少语词正在老去，多少语词又在咳血与喘息！

今天坐在主席台的，还有人自称为朕、为寡人、为天子吗？还有人捋着长胡子自称为余、为吾、为不才吗？还有人满口之乎者也或“砍砍伐檀兮”似的吟哦吗？还有人动辄尧舜周公地引经据典吗？

在文言构筑的文本世界里，我们看到太多语词的渐行渐远，它们消失于杜鹃斜阳之外。而那些栖落于成语、典故或归隐于民间口头的语词，不时带给我们人面桃花的亲切和恍惚。

然而，不要以为语词的老去在传递文言已死的信息。文言表达中的义理、辞采、意象及内在的生命节奏，无不显示出它作为汉语之源的清澈与生动。大量的文言语词穿越时间，历久弥新。这些穿越时间的语词，正如数千年不死的古柏苍松，给浮躁如市声的现代言说带去满地清凉与沉静。

比如，在今天的语境里，“愚”早已是一个与“笨”相类的贬词。精明而狡猾的现代人，或许无人愿意以“愚”自称了。然而，一千多年前，唐人柳宗元因思改革而获罪，被贬湖南永州。柳氏至此南蛮荒地，生命便开始寄于山水之间。

在《愚溪诗序》中，他这样写道：“夫水，智者乐也。今是溪独见辱于愚，何哉？盖其流甚下，不可以灌溉；又峻急，多坻石，大舟不可入也；幽邃浅狭，蛟龙不屑，不能兴云雨。无以利世而适类于余，然则虽辱而愚之可也。”

不得不惊叹于古汉语强旺的生命力！这些隔着千百年的文字，居然丝毫没有龙钟老态。它依然如一群精灵，魔幻般地还原着那份融在青山绿水间的心性。从语词看，诸如“水”“乐”“溪”“智者”“灌溉”“峻急”“云雨”等依然活脱于今日语林，宛如词中不老的仙；而“何哉”“大舟”“然则”“盖”“辱”“余”“愚”等，则或如天外残笛，依稀飘远；或如风雨故人，寂然无声。

无论如何新老杂陈，文言的生命重量与热度丝毫未曾减损。

韶华催人老，亦催语词老去。一层一层的语词老去，正如一代一代的背影远行，一季一季的黄叶飘落。语词飘落，如轻声叹息飘落于时光的谷底。你看那是何其缓慢的飘落啊！从爷爷的眼里开始到孙子的眼里，一个语词总在风中留恋，旋转，如蝶，如蜂。都是一场没有悲伤的告别。

有旧语词的告别，亦有新语词的降临。语词的出生率，往往泄露出一个时代的精神隐秘。

从来没有哪个时代的语词会如此疯长，从来没有哪个时代的大众媒介如此发达。媒体是语词的催生婆，也是话语的播种机。

今天活跃于我们口头的语词，哪一个不由媒体的一夜催生？

如果不是赵本山，如果不是赵本山的东北小品在中央电视台演绎，如果不在除夕这样的时刻演绎，你能想象“忽悠”这样的东北方言能如此迅速地进入巷尾街头吗？

互联网制造语词显出它的鬼斧神工。“雷”本只是一个与“风”“雨”“雪”“电”并肩的语词，互联网硬是叫它出列，让它成为威猛的代名词。“雷人语录”“雷人行动”由此而来；“雷人”亦成为那种不按常规出牌者的特定称谓。与此相类，还有所谓的“达人”。“达人”当指“超人”，即在某方面有超水平的人。由于电视网络的综合发力，“某某达人”之类的言说，一夜之间便盖地铺天。这同样是媒体的制造物。

相对于逝去或老去的语词，媒体制造的时尚语词正是语词家族的新生者。尽管满地葳蕤，它们能不能凝结在时间的河床上，那不是我们完全可以见证的历史。

人伦的背后是什么？是权力。我们惯于说“父母”，说“爸爸妈妈”，说“男女”，而无人反过来说“母父”“妈妈爸爸”“女男”，这只是因为语序的约定俗成吗？非也。这就是男权中心的文化遗痕。

语序的背后

无数语词成就了你的舌灿莲花，你却不会在乎那些语词的顺序，更不会在乎这些顺序里藏着的玄机。正如一家人坐享居室的淡雅温馨，而无心去细究家什的组合与搭配。

司空见惯的语序背后传递着太多太多的文化信息。语序，就像一条埋在山花野草里的幽微古径，总将我们的思绪引向历史文化的远处。

对人伦的推崇算得上中国文化的第一要义。人伦者，人间秩序也。人伦要则逃不出君臣、父子之类的等级规范。这种人伦要则当然随时会见诸语词。因此，像君臣、父子这类语词，决不可能变成臣君、子父，不是因为拗口，而是有悖伦常，属于语词上的“乱伦”。语序亦即人伦。此之相类的语序数不胜数。如老少不能说成少老，姐妹不能换为妹姐，祖孙不能改为孙祖，皆缘于语序的背后有着强大的伦常，绝不能将这些字眼当作符号任意移动。

人伦的背后是什么？是权力。我们惯于说“父母”，说“爸爸妈妈”，说“男女”，而无人反过来说“母父”“妈妈爸爸”“女男”，这只是因为语序的约定俗成吗？非也。这就是男权中心的文化遗痕。男子居于社会文化的主导，女子处于从属地位。在封建纲常里，女子的独立性何曾得到保障？“在家从夫，夫死从子”，这不是典型的男权文化吗？诸如父母、男女的语序，透露的正是这种性别尊卑与权力高下。

语序传递的权力关系极为微妙。有一个词，叫“收放”。大家都说“收放自如”，而几乎无人讲“放收自如”。“收”在前而“放”在后，这是不是折射出我们的文化潜意识？就是说，我们总习惯于在“收”的基础上再“放”，而不喜欢在“放”的基础上去“收”。因为，“收”就是一种控制，一种集权。没有控制与集权作基础，我们就不愿“放”，不敢“放”。

语序作为一种“序”，除了这种人为的文化设定外，还可能是自然之道。语序即自然，即天道。

天地作为一个语词，天在前，地在后，此中隐匿着前人描述世界的图序。天是高高在上的未知世界，它无边无极，遥远而神秘。因之，在我们的古典语汇里，鲜言世界，鲜言社会，而言“天下”。天与地相对，“地”是我们世代生存与繁衍的家园，它属于温暖的现世和当下。“天”在“地”之上，不仅仅是现实世界的图景再现，更是诸如神性与人性、理想与现实、飞翔与行走之类的精神位序。这不是简单的逻辑，而是一种“道”。

由天而地的语序，衍生并决定着大量的语词之序。如云泥，如禽兽，绝不会说成泥云或兽禽。

“阴阳”也是蕴涵“道”的语词。“一生二，二生三，三生万物。”此为道家主张。世界本是混沌如一的。在这种混沌中，存有阴阳两种力量，它们的互动互补，孕育出世界的生命与变化。在“阴阳”一词里，为何“阴”在前而“阳”在后？此中奥妙无限。虽有阴阳交合的结果，然毕竟生命源于母体，阴的母体地位无可动摇。

如果说，男女的语序里浸淫的是男权文化，那么阴阳的语序里则粉碎了这种文化的肤浅，它彰显的是生命的本真。

语序还可能显示文明的演进的位序。像“牛马”这个词，为什么不可以说“马牛”？至少，在远古的农耕社会里，牛足以成为农耕的图腾，其地位应超过用于拖车和战争的马。

就价值位序来说，在很多并列式的语词里，积极、正面的价值往往居于消极、负面之前。你可以将之理解为一种理想与祈望，一种期待与引领。比如说，说“美丑”而不说“丑美”，其理在此。与此同类的语词随处可拾。如“治乱”“优劣”“好坏”“强弱”莫不如此。至于像“生死”这样的排序，当然体现出国人“未知生，焉知死”及“贵生贱死”的文化取向。

语序里也不全是这些微言大义。很多时候，语序所服膺的，只是母语自身的音律与言说习惯。构成语词的两个字眼，似乎更多地适应着平起仄落的规则，而不太习惯于仄起平落。如“歌舞”、“根本”、“桃李”，等等。

一旦语词之序里没有这些玄奥，它的排序就恢复了自由的本性。你可以说“长短”，也可以说“短长”；可以说“沉浮”，也可以说“浮沉”。

称谓是一枚邮票，它贴在时光的邮筒上。称谓不是历史，而历史的变迁却浓缩在称谓里，正像叶子上一定有阳光的痕迹。

称谓里的社会变迁

用以表达称谓的语词似乎并不太多。在词语王国里，它们无异于一介草民。

若要分类，有一类称谓是建立在血缘基础上的。此类称谓精确而繁复，远不像西方那样潦草。老妈的姊妹，我们叫姨妈；老爸的姊妹，叫姑妈；老妈的兄弟，我们叫舅舅；老爸的兄弟，则叫伯伯或叔叔。英语远不这样在乎血缘上的来龙去脉，一个 aunt，一个 uncle，什么都搞定。中国文化对于血缘的推重，于此可见矣。

无论如何以血缘为尊，政治总以足够的力量将文化逼到死角。我们的下一代，诸如姨妈、姑妈、叔叔、伯伯之类的称谓很可能变得有其名而无其实，它们如同历史枝头飘下的黄叶。当年一声“人多力量大”的壮语豪言，轻易就将马寅初先生的人口控制论弃之为敝履，直至今日独生子女问题带来重大的社会结构危机，才又在追悔中怀念马先生的洞见与智识。

一种称谓的隐落，暴露出长官意念下的理性缺失。

另一类称谓是非血缘的社会称谓。此中隐含的社会变迁，生动而深刻。

去到一个陌生的地方，走在某条陌生的道路上，见到迎面走来的一个行人，若想向他探路，少不了要个称谓。叫啥呢？这个不经意的称谓往往连着一个时代的人际状态。

20 世纪五六十年代，地不分东西，人不分南北，我们习惯于称对方为同志。男性者，叫男同志；女性者，谓女同志；年高者，称老同志；年幼者，可能叫小同志。总之，我们处于“同志社会”。同志者，顾名思义，即志向相同者。“革命尚未成功，同志仍需努力”乃孙中山先生的遗嘱。新中国成立之后，“同志”一词似乎越来越打上了党派政治的烙印，意味着政治信仰、阶级立场、事业追求的相同。“同志”内涵极度政治化、阶级化之后，它开始站在敌人的对立面。能以“同志”相称者，意味着我们的政治信仰相同，党派相同，价值观、人生观都相同。因此，当你还不属于某个党派时，你就还不能称为同志。就像当年给边区政府提意见的李鼎铭一样，我们会称他“先生”，而不叫“同志”。同志成为政治身份的确认。如果背叛人民，就会被从同志中驱逐出去。同志社会的人际是一种阶级人际、政治人际。

至少是1978年之后吧，或许受“工人阶级是革命的领导阶级”之主流观念影响，在需要称呼他人时，我们渐渐地不再叫同志，而喜欢叫师傅。老的叫老师傅，中年的叫大师傅，小的叫小师傅，女的叫女师傅。这个称谓的变化，或许与整个社会由“政治中心”到“经济中心”的重心转移相呼应。较之同志式的政治人际，“师傅人际”显然多了一份被褥式的温暖，许多僵硬的意念开始冰释。

叫师傅的时间并不太长。20世纪80年代，随着大量国营企业的倒闭，工人几乎成为弱势群体的代名词，师傅内涵一下子狭窄了。它的所指，差不多只是机修、清洁等文化含量较低的劳动领域。

在社会价值谱系上，有手艺、有技术根本不算什么事，关键是要有文化，有地位。见了面，对于长者、尊者，只要是文化人、媒体人、作家、艺术家，管他是不是教书育人的，大凡可以叫他老师。至为尊敬者，则称先生，男女均可用。“老师人际”似乎留下文化热的投影。

中国社会逐渐融入先进的国际文化，曾经被我们视为旧社会的产物，被同志狠狠摁住的先生、小姐、女士才又得以重见天日。我们甚至感觉，由同志到先生、小姐，其间跨越的是一段以“革命”为名的集体性肤浅。先生、小姐对应于lady、gentleman，传达的是人性的平和与优雅，文明的兼容。

然而，不幸的是，“小姐”这个词忽而不再与“先生”匹配。在灯红酒绿的欲望都市，在市场经济的滚滚商潮里，“小姐”不再是美丽的miss，而是特指出没于KTV、桑拿等场所的性工作者。小姐成为妓女的代名词。人们似乎嫌妓女过于赤裸，以“鸡”“妓”音近，所有的小姐皆谓之“鸡”。从此，这个纯洁而高傲的语词，被蹂躏得不成样子。女人避之唯恐不及。

很快，社会一下进入传媒制造的泛娱乐时代。人们在浮躁与浅俗中调笑，所有的面具统统退去。我们开始将外在美当成一种追逐。于是，先生、小姐之类的称谓纷纷退到幕后，代之以帅哥、美女。没有人关心你是同志、师傅、老师、小姐，没有人关心你的身份，只关心你此刻的样子。“美女”不一定是“美的女”，它仅仅成为客套与应酬。在装嫩的媒体上，五十岁以上的男人，叫“帅哥”绝对不成问题；上了年纪的女性，也可叫“美女”，只需在前面加个“资深”。

若对上了点年纪的人，称谓早已由过去的单调走向了多元。有官职的，不管退不退休，概可称其为“长”。在官本位无孔不入的当下，这无疑是最为受用的称谓。其他很多新兴的职业也可以成为称谓。如导演、会计、律师、编辑等。

据说有人喜欢集邮，集到一定程度，邮票就是社会。其实，称谓何尝不是这样的“邮票”，它贴在时光的邮筒上。

称谓不是历史，而历史的变迁却浓缩在称谓里，正像叶子上一定有阳光的痕迹。

当“道德”为人所用，成为权重，它就成为平庸的避难所。在这个避难所里，人们可以心安理得地不出众，不拔尖，不成为出头鸟。这样倒显出几分和谐。问题是，在这样的避难所，我们这个民族还能指望有多少创造性？

道德是平庸的避难所

对于个体素养的描述，至简至要者，莫过于德才兼备。

德与才，如同并行的轨道。它们穿越千年幽深的历史隧道，又消失于遥远的天际。德在先，才在后。不要以为这只是简单的语序排列。德与才之间存在着深刻的价值位序。“人无德不立。”道德本位从来是中国文化的本质。无论庙堂还是江湖，德如临照山河的日月，至高无上。

在德与才之间，德是树之根本，才为树之茎叶。我们是如此包容和善待有德无才者，又如此鄙视与躲避那些有才无德者。因之，“缺德”几乎成为最普遍的诅咒，最严厉的责骂。

德与才犹如二维坐标，支在我们的价值体系之中。由二者的位序引申出一系列深刻的命题。最为典型者，莫过于“先学做人后学做事”。对于女性，人们甚至不惜以“女子无才便是德”之变态规训来实施性别歧视和守护男权中心。

才，以事功来标举，有目共睹，有对象可参。它是外显的，甚至可以量化、竞争的方式相权。有才，总是公认的。德却不同，它先验而主观，沉潜与内隐，具有形而上的气质。德，像一只用云裳做成的无边口袋，将人间万象纳于其中。一切日常起居、言谈举止、良知善念，无不纳于德性观照之下，及至民族精神、社会风习、国家治理，更可纳于教化、德政的主题之中。

德，无所不在，无所不及。教化之力，全在于试图将一切外在的、共有的道德规约转化为内在的、个体生命需要。然而，道德毕竟是无形无影的思想、精神与观念。它时时形之于外，我们却无法以量化的方式去检测。

德的主观性最终导致它的极度泛化，并由极度泛化走向消解与虚无。越来越多的时候，道德成为可以随意拿捏的泥塑。此时，道德不再是真道德，而是伪善的代名词。政治、经济、文化，纷纷将道德摁到身下强奸。政治立场的选择即道德立场的选择，意识形态即道德教条；谁有经济权，谁就有道德解释权；谁的文化强势，谁的道德就倡行。

更为痛心的是，传统的德才二维构架在具体的事件上常会以对立的面目出现。对德的尊崇，很可能导致扬德而抑才。

道德成为平庸的避难所。由此亦引申出诸多庸俗哲学的命题，如“不求有功，但求无过”，“能力有限，态度却是积极的”，“人是好人，就是能力弱一点”……

读史至清末，看到道光皇帝当年决定传位于儿子的一段，不禁掩卷唏嘘。

道光谓之宣宗，共有九子。长子因不思读书，被道光一脚踹死，老二老三亦相继死了。49 岁喜得一子，即老四，然后又有五六七八九。众皇子中，老四居长，谓奕宁；老六能力出众，其文治武功、待人接物均至卓越。其名曰奕䜣。当年，到底将皇位传给老四还是老六？宣宗举棋不定。于是，宣宗令兄弟围场射猎，以考校二人的武功。老六武功高强，其自创的刀法枪法，足以写入中华武术；老四则武功不行。结果如何呢？围猎时，老四一枪不放，一箭不发，交了张白卷。宣宗问其故，哭曰：春天草木繁茂，我若一枪伤了母兽，小兽失亲，亦会饿死，我不忍打。宣宗大喜，想，对动物都如此仁孝，能不爱护黎民吗？老六则从游戏规则出发，费了半天劲，似乎还落了个虐杀动物的恶名。就这样，“德”以不可思议的方式，完成了对“才”的暗杀。

故事还没完。道光病重，自觉不久于人世。于是召集老四与老六进宫论对。两位皇子背后均有老师作高参。老六的老师告诉他，皇上有问，你当知无不言，言无不尽，一定让皇上明白你将是合格接班人。老四的老师叫杜受田，他却这样告诉老四：你什么都不要回答，只要跪地长哭就行了。结果呢？老六对答如流，老四一进门就哇哇哭，说皇阿玛不会死，万寿无疆。道光一听，再生感慨：还是老四孝顺，百善孝为先。于是下遗诏：皇四子为太子，皇六子为亲王。

老四即后来历史上的咸丰皇帝。当英法联军兵临北京的时候，咸丰这个“德”高的皇帝老儿立马逃到承德，逃到热河，让有才的老六来签订割地赔款的条约。有人说，假如当年不是立了老四，而是老六，或许就不至于有慈禧垂帘听政这一段吧。

然，历史不可假设。

在这里，我们看到道德的靠不住。老六没有不孝，但没有表现出“孝”。在我们这个国度，道德随时都可能让才能缴械投诚。“唯才是举”很可能被一个“德”字轻轻抹去它逼人的光芒。

我们固然要在“立功”与“立言”之前“立德”。然而，此时的“德”决不能成为以之示人的资本。道德永远只是自己的修为。当“道德”为人所用，成为权重，它就成为平庸的避难所。

在这个避难所里，人们可以心安理得地不出众，不拔尖，不成为出头鸟。这样倒显出几分和谐。问题是，在这样的避难所，我们这个民族还能指望有多少创造性？

当中国的形象被诉诸标语时，我们看到的只是一种外灌，一种尚未达成共识的“符号”在染指我们的空间。

什么时候，我们的眼前没有这样那样的句子，而只有那一面雪白的墙，只有那“像妈妈一样温暖的天空”呢？

标语不是墙壁的表情

最先识得的文字，远非安徒生与格林，而是中国标语。

20 世纪 60 年代末的农村，几乎每栋土砖农舍的外墙都被语录或标语涂满。至今还清晰地记得老屋墙外那些浸有雨渍的蝇头小楷。我家那长长的外墙，隔不了几米远，就用石灰粉了一小块方形白板。每块白板上写一则主席语录，工整而精致。那些比着尺子画下的隐隐黑线，依稀可见。在那清贫而简陋的岁月，标语上的那些文字，带着文化的温暖，引起聪慧的乡童凝神而向往，向往那些不同于泥土、石子的点横撇捺。

标语，传递着一个时代的气息。

那时候，乡民们获得信息的方式，主要是置于山顶的高音喇叭和挂在自家堂屋的公社广播。报纸与杂志可能要到支书家里才能看到。人们不知电视为何物，遑论互联网。

那是传媒极度单一的时代。农舍的墙壁，水库的长堤，裸露的田边、山边、塘基边，公路两边，到处都是以草把蘸着石灰水写出的粗重标语。对于面朝黄土背朝天的乡民来说，标语可能代表干部、政府，代表不同于旧时代的新思想。但，它们从来不曾成为乡民的话题。乡民的话题里只有猪牛、农活与粗俗的调情。

至今还记得当年写在石灰墙上的那些文字：“凡是敌人反对的，我们就要拥护；凡是敌人拥护的，我们就要反对。”“一切反动派，都是纸老虎。”“下定决心，不怕牺牲，排除万难，去争取胜利。”“千万不要忘记阶级斗争。”这些都是写在自家与邻家墙上的。最大的一块标语，在当时我就读的学校外墙，上书“人民，只有人民，才是创造历史的真正动力”。那些标语大多为黑色，亦有黄泥色的，如学校附近白墙上写的那一行“鼓足干劲，力争上游，多快好省地建设社会主义”。最鲜艳的标语还在小学的大礼堂，东面墙上赫然写着八个朱红仿宋：“团结，紧张，严肃，活泼。”

标语，太多的标语，让我的记忆里几乎没有一面干净的农舍墙壁，甚至没有长满青草的堤坝。文字，乡民不曾懂得、孩子更不曾懂得的黑色或白色标语，以一种高高在上的隔膜，制造着世界的局促。从此，天清地朗的乡野，粗重的文字将“绿树村边合，青山郭外斜”的写意赶进那箱底的典籍。

《现代汉语词典》对标语的解释是：“用简短文字写出的有宣传鼓动作用的口号。”无论哪个时代的标语口号，均为中国政治的直接传声。因此，标语绝对是社会学家研究中国社会最可寻味的对象。透过某些标语语料，我们看到了太多不可思议的意识迷狂、精神粗暴，太多话语的空疏与僵化。

标语终于停止了满天飞。这得益于政治挂帅的淡出，得益于传媒格局由单调走向多元。随着电视进入千家万户，农舍终于有了纯洁的墙壁，田间地头终于被绿草点染。美丽的生态散发出生命的气息，全然没有那白色文字的强霸性植入。

然而，偶然出现的标语里，那种革命思维、斗争惯性及话语模式却依然可见。它们不像标语的字迹那样迅速地被铲除。

标语中依然存在文字粗暴。“宁可血流成河，不可超生一个。”这是某农村宣传计划生育的标语。如此无视生命的粗暴，叫文明人不寒而栗。“人死债不烂，父债子来还。”这是某农村信用社的宣传语，此种“债务”高于“生命”的取向，同样令人侧目。至于某监狱外墙上书写的“人民罪犯人民爱，人民罪犯爱人民”则近于“黑色幽默”。

关于教育，最煽情的标语莫过于“再穷不能穷教育，再苦不能苦孩子”。如今，煽情的标语成了中国教育的反讽。孩子们或许是有了学费，然而，他们不“苦”了吗？看那沉重的书包，满教室的眼镜，苍白的脸色就知道了，看看从初一就将美术课、音乐课让给生物、地理等会考科目就清楚了。孩子们在穿暖吃好的日子里，苦不堪言。

当中国的形象被诉诸标语时，我们看到的只是一种外灌，一种尚未达成共识的“符号”在染指我们的空间。

标语，是社会转型和转轨的直接信息。今天的中国城乡，政治标语早已让位于商业广告。但我们依然被文字包围。

忽而记起梁小斌当年的诗作《雪白的墙》：

妈妈，
我看见了雪白的墙
早晨
我上街去买蜡笔，
看见一位工人
费了很大的力气
在为长长的围墙粉刷，
他回头向我微笑
他叫我
去告诉所有的小朋友，
以后不要在这墙上乱画
妈妈
我看见了雪白的墙。
……

什么时候，我们的眼前没有这样那样的句子，而只有那一面雪白的墙，只有那“像妈妈一样温暖的天空”呢？

我们到底是被这种全民娱乐的快感鼓荡得无翼而飞，还是被折腾得无根而飘？我们是在话语狂欢，还是片刻逍遥？

造词如造星

那个优雅地坐在对面，像小鸟一般啄着早点的邻家小妹，你已偷偷地注视过n次。但，你不知道她在劲歌热舞时有着怎样的张扬和狂热。如果不是某一天她突然出现在电视荧屏，你记得的或许只是那些斑驳的背景，以及由斑驳所反衬的青春。

这是一个娱乐至上的时代。价值消解与理想嘲弄，物质至上与享受至死，集体失语与思想贫弱，一切的一切都将公共注意力引向如泡沫翻飞的娱乐。似乎只有娱乐才是我们抵挡虚空、获得意义的有效方式。

除了短信里传递的经典荤段与最新小道消息，我们越来越找不到公共的话题。忧国忧民，几乎等同于不合时宜。

这是一个远近喧嚣而没有交响，天花乱坠而没有焦点的时代。

我们早就无法再用日新月异来描写这个世界。一切都如那股市曲线的跳动，你必须分分钟搞定，学会秒杀。没有谁愿意等待，愿意寂寞地坚守。一夜成名的歌手，成为无数人的艳羡。不是艳羡她的风情，而是她的成名。书桌前，难得有几颗安静的灵魂。等待一天，那叫郁闷；等待一月，那叫躁动；等待一年，那叫纠结。传统学人所信奉的板凳十年、寒窗十年，在现代人这里只是一个迂腐的传说。娱乐的泛化，不只是表现年轻人追星的疯狂，更重要的是，这种娱乐思维正不可挡阻地将我们的学术、思想与文化全面推向扁平化。

以电视、网络为代表的大众传媒，正以无时不在、无孔不入的方式重构我们的生活方式。当忙碌、奔波了一天的人们终于以最慵懒的方式歪在沙发里，大大小小的电视选秀和演唱会便开始了对注意力的争夺。如果你不按掉电视，它们就以各种浅俗的闹腾，活生生叫你“被时尚”。致力于娱乐的传媒，其实是一个梦工厂，一个不断造星的工厂。

造星，与其说是媒体的经营手段，不如说是它的存在方式。电视恰如另一片夜空。没有星光的夜空，可能只留下惊恐或寂寞。

是大众追星导致媒体造星，还是媒体造星诱导大众追星？这个年轻的命题变得跟蛋生鸡还是鸡生蛋一样古老。

媒体所造的“星”，远不只是“明星人物”，还有那些一夜风行的“明星语词”。

2011年，一个叫“给力”的语词以迅雷不及掩耳之势成就了它的明星梦。“给力”，在网络上一蹿而红，在电视里频频显形，在报纸上、短信中立马成为话语新宠。

“给力”这词本是东北一个方言词，与忽悠一样。凭着电视与网络的偶然眷顾，这个养在方言人未识的语词，忽而有一种“朝为田舍郎，暮登天子堂”的惊喜，摇身一变而成为最新的时尚。

给力，大致就是“来劲，带劲”的意思吧。倘若当初媒体不是宠幸东北方言，而是关注长沙话，那“给力”就相当于“来神”。

大众媒体以定期输出语词的方式来输出时尚。宋丹丹在春晚小品里说了句“你太有才了”，“太有才”便成为几年来的民间流行语；汪涵在湖南经视以湘潭口音说的“那确实”，多年来也是长沙街头的口头禅。贺岁片《让子弹飞》之后，立马就有仿说出现：“让短信飞一会”“让祝福飞一会”等。没有哪种流行现象，会像语词这样依赖于传媒模仿。

媒体的话语生产与输出，折射出现代人的精神世界。

就像有幽默气质的男人更容易成为话语中心一样，那些带几分搞怪、带几分恶作剧的语词特别容易出众。

某一个习惯于用拼音或智能拼音打字的人，当他第一次要输入“版主”而误打成“斑竹”，要输入“大侠”而误打成“大虾”的时候，他的脸上一定浮起弱弱的狡黠。他的将错就错，居然赢得了网友的会心，以至于人们宁愿以搞笑的“斑竹”去替代那正襟危坐的“版主”。类似的例子还有“牛叉”。这种网络语词的背后，其实是对拘谨与正统的颠覆。

在大众传媒远未发达的时代，新话语、新语词主要来自报纸、广播，甚至是那些涂在墙壁或田塍上的斗大标语。像 20 世纪 60 年代末，名字里有个“红”字无疑是一种时尚，因为“又红又专”一度成为当时最强大的政治话语，正如今日之科学发展、和谐社会一样。

电视的崛起，继而网络的崛起，意味着传媒造星时代的降临。不要以为，传媒所造的只是这类流行语词，学术语词同样为媒体所造。

若处在 15 年前，学术话语里很少会出现“遮蔽”“去蔽”“言说”“叩问”“澄明”之类的语词，然而现在，随便读一篇论述文章，这样的话语体系成为学人的习惯。此类西方思想哲学的译文词，成批成批地出现在各类学术语境中。甚至标点的流行也缘于模仿。以前，冒号的引用频率并不太高。一夜之间，学术论文标题无论大小，动辄就会借重冒号来彰显学术时尚，甚至不惜落入言筌或削足适履。

造词如造星。我们到底是被这种全民娱乐的快感鼓荡得无翼而飞，还是被折腾得无根而飘？我们是在话语狂欢，还是片刻逍遥？

一个语词的词典意义意味着它是试图指向普泛的定义，是从丰富而生动的语言运用中抽象出来的一个概念，是风干后展示于橱窗的语言标本。

词典提供着无法圆满的概念定型，却从不提供鲜活的思想。

词典不提供思想

世纪之交，关于语文教育的全民声讨正隆。某先生一篇为语文工具论辩护的文章，其论述思路早已模糊。一个细节却很深刻。他所引用的一个理论论据是《现代汉语词典》关于“工具”的解释。他援引词典释义作论据的方式，竟然得到某位专家的深度认同。在这位专家眼里，权威莫过于词典，词典里的概念都是定型的、公认的、意义无歧义的。因此，要驳倒它，几乎不可能。当时有文章立马反驳，若以词典为尊，所有的学术均可弃之如敝履，一本词典足可打天下。

词典显然是语言文字的工具书，为语词正其音形、定其释义。然而，“工具”意味着它只是公共的、共用的、手段性的。

词典里森然排列着那么多词语解释，它们都以定义的方式存在。不能说这里不涉及思想，不涉及文化。然而，它们又确确实实不代表思想，不代表文化，特别不代表真实的、个性的、创造性的思想，不代表鲜活的、开放的文化。

一个语词的词典意义意味着什么呢?

意味着它试图指向普泛的定义，指向从丰富而生动的语言运用中抽象出来的概念。那是一个风干后展示于橱窗的语言标本。如果说语言的运用如海阔鱼跃，天高鸟飞，那么，词典里的语词不过是“鱼”与“鸟”的化石。

词典提供着无法圆满的概念定型，却从不提供鲜活的思想。所有的真学问，从来属于鲜活的思想，而绝不是词典里的文字演义。

理解一个语词，离不开具体的语境。前后文字是语境，生活场景是语境，文化是语境，社会是语境，知识领域是语境，学科探究同样是语境。这些都是词典可能忽略的。

且以“体验”为例。

《现代汉语词典》上说，体验就是通过实践来认识周围的事物，就是亲身经历。这样的诠释似乎没有值得怀疑的地方。然而，放到教育哲学的视野里，这里便暴露出许多关乎宏观的教育理念误区或盲区。在“体验”的词典解释中，“认识事物”成了“体验”的目的。这正是传统认识论的核心观点，也是传统教学论的观点。传统认识论以为，人是一个认识体，我们与世界之间的关系是认识与被认识的关系。传统教学论以为，教学是一个特殊的认识过程。然而，人只是一个认识体吗？我们对世界的判断仅仅来自理智、来自认识吗？人与生活的丰富性早就证实了：人不只是一个认识体，而是知、情、意的生命体。词典里的“体验”可能会将我们引向“认识”至上的歧路。

词典不提供思想，还在于它总在追求凝固，而思想天然需要激荡与流动。因此，从词典那里，你会看到许多观念的沉积，连同它的局限甚至荒谬都沉积在这些风干的“标本”里。

张楚廷先生曾提到一个“官”字。知道词典是如何解释“官”的吗？它的定义中沉积着太多真实与无奈。官就是“政府机关或军队经过任命的，一定等级以上的公职人员”。请注意，“官”之释义的关键词特别具有“中国特色”。一是它是“任命”，不是“选举”，不是“选拔”的；二是它是“公职人员”。今日之民营企业主，公司总裁，大小老板都不是“官”。公务员方可能称为“官”。

这样的“官”之诠释，实在存有太多的无奈！若“官”概念永远不变，那么，我们离政治文明的距离就不会变小。

词典不提供思想，在众多不愿思想的庸常者那里，它甚至还悄悄地抹杀着思想。

语言是生命的存在方式，字何尝不是？

打字时代，选择一种字体，莫非也是在选择一种性情，抑或选择一种生活方式？

字如性情

在全世界所有的文字中，论文字本身的形象与意境，无出汉字之右。每一个字，甚至每一种笔画里，都涵蕴着特别的生命感觉，微妙，灵动，达意幽深，寻味无穷。尤其是在兰香馥郁、瀚墨氤氲的雅室之中，书法里的文字，以及文字里的点画，恍如一群黑白精灵，传达着书者的逸兴壮思。或低吟，或高歌，或蕴藉，或奔放……

无论过去还是现在，一手好字无疑是以心性印制的带着体温的“名片”。什么称谓都是次要的，一个漂亮的签名，立马就能赢得一份欣羡，平添一份关涉文化的尊重。

正如一辈子躬耕南山的老农挥不好锄头，一辈子守着红旺铁炉的工匠抡不好大锤，一个受过高等教育的人若写出鸡脚般的汉字，多少会遭到调笑和鄙夷。

对于那些熟悉不过的朋友，不妨对照其人与其字，看看他们之间若隐若显的神秘关联。

规规矩矩，将一笔一画交代得清清楚楚的做事多严谨认真，条分缕析，一丝不苟，做什么都讲究计划性、原则性。这种人最大的好处是脚踏实地，责任心强。然，此种人往往少有情趣，少有浪漫，少有幽默，少有创造，少有遐想。他永远是现实主义者，理想只是远方的歌谣。

笔画纤弱，结体失衡，格架拥挤，字形细小。这种人多心理自卑，胆小怕事，做事无主张，胸襟狭小，做事有头无尾，缺乏恒心。但，往往心地善良，在亲人面前易发脾气，在外人面前却忍辱负重，跟随大流。

笔画伸张，却无内力，无章法，笔与笔之间拖泥带水，交代不清，貌似潇洒，其实中心内敛。此种人做事，往往雷声大、雨点小，言语多于行动，甚至习惯于自吹自擂。喜欢排场，得意张狂。表面能干，其实脆弱。言不多思，心无城府。

结体信手而来，笔画交代不清，一掠而过，难认难辨。笔画之间无断续，无轻重。此种人反应灵活，却不求精致，往往以夸饰的局部掩盖整全的粗糙。

结构正稳，笔画灵活，用笔轻盈，有缓有急，提按自然。此种人务实而灵秀，内心有法度，而外显很洒脱。内心坚强，为人刚正，而性情浪漫，细腻多感。

结体独特，用笔肯定，架构大度，有气韵盈其中；得用心处且用心，得飞扬处且飞扬。此种人往往眼观六路，耳听八方，兼收并蓄，有帅才焉。

以上所言，多为硬笔。毛笔书法，其旨略同。

语言是生命的存在方式。字何尝不是？

因为电脑的出现，现代人写字的机会越来越少。然，当我们在 WORD 文档上敲出一个文档之后，习惯于选择哪一种字体，很可能也是流露你性情的一种方式。

黑体字庄重、严肃，俨然坐在主席台上那些不威而厉的表情。在所有的备选字体中，黑体最有领导气质。它往黑压压的文字前一站，便有一种定力，能压得住闹轰轰的台面。然而，它终归不亲切。你可以用一列黑体作标题，却不太好成片成片地用黑体来写文章。黑体就像一个单位的领导班子，最好只坐一横排，宁缺勿滥。

仿宋，较之黑体，它面容清秀，而骨气硬朗。成片成片的仿宋在一起，正如列队一般整齐划一，横平竖直，令人心绪沉静。讲究思路清晰的公文正文，往往选择仿宋。

隶书，无端地让我们想到某一张白而胖的脸，想到温暖的眉和眼。古远，雕琢。单个看，神闲气定，从容而不动声色。然，它们不宜集合。成片的隶书在一起，正如互不相关的陌生人站在操场，漠然而生分。

在所有的字体中，如果说黑体、仿宋之类宜于宏大叙事，宜于公文制作，宜于论文书写的话，那么，楷体更适合抒发性灵。它精致而秀美，点如瓜子撇如刀的美学法度隐约可见，字与字之间彼此呼应，特别接近手写的感觉。似乎只有它，才能传递心中的些许微妙。

打字时代，选择一种字体，莫非也是在选择一种性情，抑或选择一种生活方式？

第四辑　定语之外

早，不只是清晨的问候，不只是惜时的自勉，它是我们行走的姿势与心中的向往。

美丽的早

早，与其说是一个美丽的汉字，不如说是一幅神奇的画面，一种深远的寄寓，一份智慧的启迪。

思绪追溯到苍茫的远古。

人们最初写下“早”字的时候，心中一定伴随着无限的憧憬与激动。

“早”上面是一个“日”，那是诗意的朝暾，喷薄的一轮红日；下面呢，一个“十”字。从文字起源上说，它所模拟、所指示的或许是一个树梢形象。红日跃上树梢，曙光照耀河山，人间迎来一天中最美丽的时刻：早。

久久凝视这个“早”，心中顿时升起一种温暖。这个看似寻常的字，隐隐传达着一种向往，一份力量。

早，意味着新生，意味着希望，意味着一切美好的开始。

一日之计在于晨，一年之计在于春。在所有表示时令与季节的词语中，早晨与春天，总伴着诗人的浪漫歌吟。早相对于晚、春相对于冬，它们都是时间轮回中对旧的告别，都因为新的期待、新的梦想，新的选择而变得美丽。

早的魅力在于那轮初升的太阳。因为它的存在，早不再只是人生筹划中的先行一步，不再只是春江水暖式的敏感与先知，而是一种温暖的感召，一种理想与信仰的牵引，是阳光对心情的渗透。莫道君行早，更有早行人。早行的路上，因为阳光的笑容与鼓舞，我们充满力量。

“早”下的那个“十”字，只是树梢的象形吗？此刻，我愿意赋予它新的含义。

那是田畴上纵横的两条路。阳光洒满田野，我们如何在阡陌上行走，朝东还是往北，行走的过程充满了选择。个人也好，国家也罢，早计划，早安排，早发现，我们行走的步子才会更坚定，更执著，更矫健。

那是心灵的十字架。带着原罪的心情，我们以爱来救赎。只有爱，才足以支撑心灵的太阳。有了人间大爱，怀着对生命的敬畏，每个人的心中都可能升起太阳。从爱出发，我们无须抱怨向晚的黄昏，无须深陷于迟到的追悔。心中有爱，一切都还早。早一点懂得人生的真谛，早一点明白生命的意义，我们会变得更纯粹，更真实，更美好。

早，不只是清晨的问候，不只是惜时的自勉，它是我们行走的姿势与心中的向往。

规范的普通话早已取得了独霸传媒的至尊地位，将现代人交流的方言阻隔一扫而空，但正如鲁迅所述的社戏场景一样，普通话在灯光炫目的台上，各地方言却如一些夜色中的小筏子泊于远处。

方言的文化地位

（一）

伫于岳麓书院的讲堂良久，凝视摆在正中的那两把方正而端庄的高脚木椅。千年前朱张会讲的盛景忽如一张默片在眼前飘移。

不难想象朱张二位的长髯、慧眼、微笑和皱纹，不难想象他们的长袍飘飘和拱手频频。然而，很难想象这两位并非本土的博学鸿儒当年究竟操着怎样的话语为湖湘弟子讲学？那时不可能有“以北京语音为标准音、以北方话为基础方言的现代汉民族共同语”。这位来自福建的老夫子，他的传经布道里是不是夹杂着闽方言的刚柔相济、软中带硬？不知那些来自邵阳（称宝庆），来自湘乡，来自浏阳，来自长沙（称谭州）的湖湘才俊是否在问学研修之余也调笑过先生的乡音土韵？更不知汇聚于岳麓的诸多学子之间是如何暂时抛开方言与同学谈笑风生的？他们是不是将各自的家乡话暂时收藏，正如将远方的家书藏于枕下？

各地方言歧异乃汉语言发展演变过程中形成的文化盛景，它们跟各地的饮食、风俗、服饰、地理、传说、历史、群体性格、精神取向、风味特产一样，其积累与形成的过程都隐含着极为复杂的文化血缘和极为丰富的人文基因。这种基因甚至跟人的生命基因一样神妙。

一种方言，其实是一种文化生态。正如一山绚丽的桃林，一径飘飞的蒲公英。只要有种子，有根须，有土壤，有阳光、空气与水，它们就在岁月的沧桑里蓬勃。今天，规范的普通话早已取得了独霸传媒的至尊地位，将现代人交流的方言阻隔一扫而空；尽管对话与交流的时代全面推进，但正如鲁迅所述的社戏场景，普通话在灯光炫目的台上，各地方言却如一些夜色中的小筏子泊于远处。

普通话作为交际公器的意义是如此强大，以至于能不能说好普通话与能不能写好字一样，成为现代文化人的一张名片。尽管这样，方言的生命似乎未因普通话的强势而走向衰落。它依然强旺，依然葳蕤如千年长藤。

方言的歧异其实远不只是语音的不同，语汇、语法亦多径庭。语言研究者大可以此作为学术课题来探讨。然而，在我看来，方言里的文化信息、文化寄寓更值得深味。

无论我们有多长时间不讲自己的方言，它依然是一条无法割断的文化脐带。方言其实是人的精神血脉。无论身处何处，一句乡音可能将万里之遥的家乡拉至眼前，可能将家乡最鲜活的记忆唤起。“老乡见老乡，两眼泪汪汪。”那泪水，属于漂泊中的思念，困顿中的依偎。人在旅途，两个素不相识的行者，只要操一种方言，彼此心中的温暖与亲切就如温水一般荡开去，荡开去。老乡与老乡，是一种地缘。它意味着不一样的背景，不一样的默契，不一样的关照，意味着结团成派，画地自守。

方言的文化价值远不是普通话一刀可切的，正如高谈汉字拼音化道路的可笑一样。打个不尽恰当的比方，普通话是生产线的复制品，方言则是手工作坊的工艺品。我们无法以整齐划一的工艺装饰去扼杀气韵生动的民间艺术。

（二）

从文化发展过程看，湖湘文化既受中原文化影响，亦带楚地浪漫风姿。因此，湖南人的性格莫过于经世致用的担当与打破常规的新变。这种文化气质在长沙话里隐隐可见。

长沙人天生都是神喻手。长沙方言里，一个语词就是一种气概，一种性格，一个呼之欲出的生动场景。

自家办生日喜庆，要请朋友们帮忙或光临，用普通话说，也许是捧场。捧场，用双手相捧，以支持大场面，似乎也还形象。然，长沙话更绝，它不叫“捧场”，叫“撑棚”（“撑”字在这里念去声）。长沙人似乎嫌“场子”还不够形象，干脆叫它“棚”，一棚子的闹腾腾。棚子当然需要有柱子撑起来，朋友来了，就叫“撑棚”。能撑得起“棚”的当然也是柱子。在请朋友来帮忙的时候，隐隐还有对朋友的褒奖。

长沙人讲事情办得好，为人处事周到，叫什么呢？叫周到，叫周全，叫舒服，都太一般化了，没有个性。他们叫“熨帖”。熨，读若“入”。如果你熨过衣服，你一定会惊叹于这个方言词的超级形象感。衣服被熨斗熨过，没一点褶皱，以之喻事件办得好，做人到位，实在是形神之备极矣！

善于形象思维，其实也是一种诗人气质，一种不循规蹈矩的言语诉求。事情没办好，有很多说法，如“砸了”“砸锅”。够形象了。长沙人不满足，语不惊人誓不休，他们硬是把“砸锅”交给别人去说，自己来讲“筐瓢”。你想，一瓢子汤水，端着，正儿八经地，一没当心，筐了，倒了。这种过程所表达的恰恰就是：事情没办好后那种夹着遗恨的叹息，那种混有自我安慰、自我解嘲的复杂心理。好一个“筐（音）瓢”，语亦灵怪矣哉！

长沙话里有些语词的发音特别重，往往以粗声高调传达一种张扬的霸气与野性的气质。长沙这地方，远离中原，有着荆楚的历史背负。所以，长沙人喜欢讲“霸蛮”，并且“霸蛮”这两个字从来就以粗重而急促的语气出之。“你莫霸蛮咯”，“你霸蛮都要帮我搞定这事”。

长沙话对“帮忙”“搞定”还有更形象的说法，叫“了难”。“了”者，去除，完成也。难者，难事。“了难”就是帮忙解决问题，并且不说“了得成”，而说“了得称”（音），亦即“摆得平”的意思。

长沙话是爱如火、恨如火的语言。比方要赞誉某人有担当，叫他“傲腿”“硬腿”。骂环境不好、做人没出息，做事没名堂的，叫他一个“揪抹的”（抹，读去声），还有更土的，则叫“稀下的”——“稀”字读音如常，“下”字往往读得夸张，很急，很重，很仇视。

就这样由大而小

我们是那样欣赏“大”，回避“小”。

无产阶级代表的是劳苦“大众”，英雄气概从来就“大无畏”，胸中的志向一定“远大”，大公无私是最高的美德，大智大勇是人生的智慧，意气风发一定走在“大路”上……

在那样的时代，“大”的意涵远不只是关于范围、形态、品质或境界的形容，而是一个时代的价值标准，一种集体无意识。

以话语论，即令它“空”，即令它“假”，人们依然习惯于以大而无边的语词来装饰自己的语言。“大”是那个时代的 G 调，粗重而低沉。

相形之下，“小”字有点像乡下保姆初入城市，目光有点躲闪与游移。

在劳苦大众面前，资产阶级必然是“小”的；

与战天斗地的英雄相比，儿女情长显然是“小”的；

在顾全大局者面前，个体人生规划全是不值一哂的“小”九九；

抵达我们理想的，一定是康庄大道，不会是羊肠小径。

“大”以及由此而来的“伟大”“远大”“宏大”，构成一种观念与意识的重压，似乎要榨出我们皮袍里的“小”。

“小农意识”“小商小贩”“小里小气”“小眉小眼”“小恩小惠”……这个寻常的“小”字总被人们关在鄙夷的目光里。

那是以“小”为耻、以“小”为罪的时代，一个只有“我们”而没有“我”的时代。

那时候，我们的全部追求，都是改天换地、填海移山似的外显功业，奋斗的指向是外在于我们的世界，外在于我们的功业，甚至是政治口号包裹着的目标。

相对于外显的政治和社会功利，个体自身的心情意趣、心灵发现都“小”得不值一提。在被政治绑架的文学和历史里，永远只有那僵硬而宏大的叙事，空洞而模式化的抒情。我们在空洞的“大”时代里，说着千篇一律的“大话”，想着忧国忧民的“国家大事”，做着舍我其谁的“春秋大梦”。

在那个传媒极不发达，愚弄轻而易举的时代，我们无一例外地将“大”的幻觉当作了“大”的真实。如果愿意回首，“60后”的小时候一定做过诸如《我为四化刻苦学习》之类大而无当的作文题目。

时代的变奏，伴随着心灵的变奏。

不知什么时候，“大”音稀声的时候，“小”字悄然活跃。这个一度躲躲闪闪的语词，摇身一变，成为现代人的话语新宠。

“小资”不再被扫入黑角，而几乎意味着精致化的生活方式，脱俗的气质，优雅的品质与情调。以“小”为修饰的语词，一夜之间泛滥汹涌。

以前说有些“感动”，现在不，叫有点“小感动”；

以前说有些“忧伤”，现在叫有点“小忧伤”；

以前叫有些“魅力”，现在叫有点“小魅力”；

以前叫“女人”，现在叫“小女人”；

以前叫“幽默”，现在叫“小幽默”……

由“大”而“小”，背后的密码是什么？

从那样一个因大而空、因大而假的时代走来，走到信息开放而多元、交流便捷而及时的时代，我们越来越意识到“我”的现实性和真实性。

在这个谁都不满足于与他人雷同的时代，人们的目光与追求悄然发生着深刻的改变。

我们从遥远回到切近，从向外的追求转向对内的省察。

我们不再是集体的合唱，而是心灵的低语。

我们喜欢说“小”，喜欢经由这个“小”字回到自身，回到生命的原初和心灵的纯朴。

小感动，小忧伤，小魅力，小幽默，这些可爱的“小”字或许非关谦虚之德性，而是一种由我们回到“我”的姿势变化。

铃声就是命令

孩子忽而问我："上课铃一响，不管我们玩得多 high，必须立马结束，跑进教室，因为，老师说，铃声就是命令。但我不解，同样是铃声，为什么下课铃响过很久了，老师还在喋喋不休，没完没了，甚至整个课间都被老师的拖堂占掉了。上课铃是命令，下课铃就不是吗？"

沉吟，无语。

做过教师，或多或少都有过拖堂的纪录吧。或许，我们从来不曾将拖堂当作什么了不起的大事，甚至每一次拖堂都事出有因。似乎哪一条原因，都能轻而易举地穿上敬业的外衣。

——这一课正好留一个尾巴，这节课不讲完，下节课难得另起炉灶，拖点点时间，有什么关系？

——开始学生听得不认真，影响了教学的进度，不拖点时间，教学任务怎么完成呀？

——前面我跟学生讲纪律去了，他们浪费的时间当然得由他们来补，你以为我愿意拖堂啊？

——这节课前面确实讲慢了，后面加快节奏也赶不完，拖是拖了点时间，毕竟也是为了学生好嘛。

听听，哪个理由不冠冕堂皇？

然而，又有哪一句辩解不是从"我"出发？

从教案出发，从预设出发，这节课或许真的没有讲完。这是一种缺陷。

然而，如果换个角度思考，从学生出发，从孩子的心理出发，拖堂却是一个更大的错误，一种更大的缺陷。

拖堂不是在课堂画圆满的句点，而是在以一个错误掩饰另一个错误，一个遗憾来弥补另一个遗憾。

设身处地地跟孩子想想吧。

紧张地学习了一节课，他们巴望着课间片刻的轻松。或许，在某个课间，他们还有未玩完的游戏，未讨论的球赛，未展开的话题……

为什么上课铃一响，所有这一切都得结束？因为铃声就是命令，他们如此理解，亦如此行动。

如果上课铃响起五分钟，孩子还在嬉闹追跑，你一定无法忍受？那么，为什么下课铃响起八分钟，你还在滔滔不绝？为什么你定的规则又被自己践踏？

一声下课铃响，孩子的心早就雀跃于窗外。何曾还有心思听你那么多嘱咐与唠叨！其他孩子都在窗外开心，他们还得在你的威权下低眉。

亲爱的老师，你知不知道孩子内心的那份反感与愤怒？

我们口口声声说要尊重孩子，让孩子更像一个儿童。为什么具体到按时下课这个细节上，我们又如此不把孩子放在眼里？

教育没有大事，细节传递心灵。所有的借口都是多余的，铃声就是命令。

上课如此，下课亦然。

尊重孩子，能不能从不拖堂开始？

每一段言说，每一本著述，都无法离开那表意的背景。摘取一个句子，很可能就像从维纳斯身上断下一条手臂。它所宣告的，不是美的移植，而是思想的枯萎，生命的凋零。

断章如断臂

在希腊诸神中，维纳斯被称为美神。然而，维纳斯不是中国想象中的沉鱼落雁，闭月羞花。

西方雕塑艺术家粉碎了关于美神的完美想象。

我们见到的维纳斯，只是艺术橱窗里那个断臂的石膏雕塑。在世俗而实用的市场社会，断臂的维纳斯，被无数次粗糙地仿制，她的形象泛滥得几乎不与艺术搭界，甚至成为钥匙扣上的小挂饰。

据说，当艺术家将维纳斯完美塑形之后，欣赏者络绎，令人们发出尖叫的却是那条无与伦比的手臂。此时，意想不到的事发生了：艺术家断然挥刀，砍断那条最美的手臂。理由不是别的，正是它太完美，完美得夺去了维纳斯的艺术光辉。

这是一段传说。何尝又不是关于美的一个隐喻？抑或是关于人生的寓言？

最深刻的美丽，永远是带着缺陷的美丽；最真实的人生，永远是不可企及的圆满。

美，或多或少都带着缺失以及这种缺失所内蕴的悲情与遗憾。

维纳斯是美的，断臂所赋予它的是一种摄人心魂的、美好被毁的力量。

你现在所欣赏的一定是这个“断了臂的维纳斯”，而决不再是维纳斯那条“断了的臂”——尽管当初它曾那样引人注目。

断臂的维纳斯，依然是维纳斯，依然是一种美的生命、美的诉说、美的力量，而从她身上砍下的那条玉臂，生命和美丽均已终结，连记忆都已飘散。它已无异于乱草丛中某一块废弃的石头。

想到断章——断章取义的断章。

断章者，即从一席谈话、一个文本或一本著述里，拦腰截断作者原有的语流和语境，抽取某些警句名言，或以昭己，或以传世。

断章的过程，即是让句子或语段从固有语流中分离、悬置的过程，正如你从山间欢快的小溪里手掬一捧清泉。清泉源自溪流，毕竟，它不再是溪流。断章的过程，很可能就是对原意篡改的过程。

断章，犹如断臂。

一篇文字里，为何断取此句而不取彼句？为何取此处而略去其余？这种选择的过程，本身就是断章者重构意义、表达自我的过程。

在关于"人"的言说里，有一个句子我们耳熟能详："人是一切社会关系的总和。"我们曾一而再、再而三地将这条"断臂"在长长短短的文字里展示，甚至将它视为马克思原典中的不刊之论。

读张楚廷的《教育哲学》，才发现这样的命题在一句质问之下竟弱不禁风。问题当然不在马克思，而在无数失去反思力的断章者。

若云"人是一切社会关系的总和"，那么，"你是人，你是一切社会关系的总和吗?"在不清不楚的前提下，我们就这样断章取义地言说着，重复着。

事实上，在马克思的原典中，这个命题原本这样叙说："人的本质不是单个人所固有的抽象物，在其现实性上，它是一切社会关系的总和。"此处，"它"，显然不是"人"，而是"人的本质"。"人"与"人的本质"不可如此置换。

正确的表述当是："人的本质是一切社会关系的总和"，并且，这个命题还有重要的限制，即"在其现实性上"。"现实性"意味着不是恒久的，超时空的。同时，这种本质，也不是就"单个人"来说的。

如此追问，"人是一切社会关系的总和"便暴露出断章者太多囫囵吞枣式的麻木。它非但未能解开"人"的真相，反而成为"人的本质"的遮蔽。

还有一句极度世俗化的哲学话语，即黑格尔所说的"存在即合理"。我们几乎一致认为，黑格尔的意思就是：凡是存在的事物就天然具有合理性，“存在”是“合理”的必要充分条件。于是，强盗也好，贪官亦罢，都有其存在的合理性。

这个误解来自于翻译。黑格尔原话的准确翻译应当是：“凡是合乎理性的东西都是现实的，凡是现实的东西都是合乎理性的。”“理性”与“合理”，不可同日而语矣。

如果说由上述断章所引发的误读，非断章者的主观故意，那么，更多时候，断章者，不惜更改、删节原话，以之表达自己的心声。

从小到大，我们就被老师告知：天才是1%的灵感加上99%的汗水。爱迪生的这句名言总挂在教室的墙壁上。谁曾料到，在爱迪生的原话里，还有下半句：“但那1%的灵感是最重要的，甚至比那99%的汗水都要重要。”

我们取前半部分，着意于忽略天资，强调勤能补拙；而发明家的心声明显落在后半部分——用功固然重要，但更重要的，是创意。

每一段言说，每一本著述，都无法离开那表意的背景。断取一个句子，很可能就像从维纳斯身上断下一条手臂。它所宣告的，不是美的移植，而是思想的枯萎，生命的凋零。

在一个人治社会里，官员轻而易举地借着“们”，借着人民的公权公意来窃取个人私利。与人民相类的集体名称还有一个，叫组织。组织是什么？显然它不是一个理念，而是一个实体。组织大于任何一个个人，然而，终归又落实为个人，落实为寡头——如果不是制度与法说了算的话。

“们”的模糊

维特根斯坦说，想象一种语言意味着想象一种生活方式。

英语与汉语的根本区别，在于生活方式的异质。所有显形的表达要则，其背后都缘于文化基因的异质。

凡学过英语的都明白，英语对于名词的“人称”和“数”，动词的时态都特别较真。我、你、他分得清清楚楚，单数与复数也毫不含糊。一个一般现在时的句子，涉及第三人称时，单数与复数，系动词或动词都各有讲究。“他认为”，“他们认为”就不同：前者是“He thinks……”，后者是“They think……”

何以如此细究名词之“数”，这是一种语言习惯，它所积淀的是整个民族的集体心理：或许，英语国家的人相当在乎他者，在乎个体与群体的不同。

相形之下，汉语对于名词之数的区别便显得灵活而粗放，一个“们”字，几乎指称了名称的所有复数。你们，我们，他们，朋友们，甚至还可将自然山水人格化。如鲁迅笔下的蟋蟀们、覆盆子们与木莲们……

在汉语表达中，带不带这个“们”字，表达规则上根本就不存在单数与复数的不同要求。由此管窥，在我们的文化心理中，试图消弥群体与个体的界限，含混群体与个体的不同，正是普遍的集体无意识。

混淆个体与群体着实带来了诸多便捷，由这种便捷亦生出太多的文化劣根性。

个体与群体概念可以任意偷换，或以个体代群体，或以群体凌个体。本来是“我以为”，若将其改为“我们以为”，不但没有人会纠缠于“们”里还包括谁，而且，这种言说还可能被理解为谦虚的美德。因此，在大量的学术论文里，本来是“我以为”的句子通通以“我们以为”的方式出现。

这种学术言说无伤大雅。真正带来大问题的不在此，而在社会、政治生活中，单复不分的背后潜伏着危机。

太多太多的复数名词、集体名词，无形中被剥夺、被抽去了真实的个体内涵，它们很可能仅仅成为一个概念的空壳，特别是有些不带“们”的复数。

比如人民。不知在说到人民的时候，心里想到的会是什么？是这样那样具体的名字、面孔、表情，还是一个大而无当、模糊不知所指的言说对象？人民是官员服务的真实对象，还是官员演说的空疏名词？人民是一个阵营，一个群落，一个层面，一个圈子，那么，它是否包括那个吊在玻璃外墙上施工的建筑工人，是否包括那个炸臭干子的小贩？这些鲜活的个体，他们是如何创造历史的？

离开了具体的个体人，人民只是一个符号。个体的人是出声的，有思想的，而集体的“人民”是无语的，他们的思想往往“被代表”。

“人民”就是那些模糊存在着的“沉默的大多数”，以至于官员往往自觉其并不在人民之列，当然也不是敌人，而是凌在人民之上的“领导”。因此，某无耻官员甚至可以对记者如此发问：你是代表党，还是代表老百姓、代表人民？

在一个人治社会里，官员轻而易举地借着“们”，借着人民的公权公意来窃取个人私利。

与人民相类的集体名称还有一个，叫组织。组织是什么？显然它不是一个理念，而是一个实体。组织大于任何一个个人，然而，终归又落实为个人，落实为寡头——如果不是制度与法说了算的话。

修饰语，如一束光，照亮某一小块的同时，留下大片苍茫的暗淡。

定语之外

一个语词的遣用，正如信手于白纸上画圈。言说的，是圈内的有限；未及的，是圈外的无穷。

言说的开始意味着限制的产生。于读者而言，也意味着个性化的建构开始。

比如说天吧，无涯无极的存在。说天的时候，我们脑海里浮现的决不会是完全相同的记忆，它是不受制于理性的经验浮光。那一刻，脑海里掠过的，可能是儿时仰望的某个天井，是老屋对面的一抹云霞，可能是暮雨江天，也可能是圆月苍穹，大漠孤烟……

我们的意念里没有一个空洞而抽象的“天”，永远只有那曾触动过心灵的体验。我们甚至无法想象天到底有多高，有多远，因为，这种没有尽头的想象很快会让我们跌入虚空。世界无极、时间无限的虚空。

说天的时候，脑海里浮现的都是不同的天。没有一块天是相同的。你得到的那一小块，其他的全部只能任其遗落。

这是语言的宿命，更是一个修饰语的宿命。

修饰语，如一束光，照亮某一小块的同时，留下大片苍茫的暗淡。

然而，人们依然离不开修饰，离不开定语。定语是由普泛走向个性的一种路径。

这里，我们欲讨论的问题是：中国教育研究中盛行的种种“定语式研究”。

在这个注意力难以聚焦的时代，或许，人们寄望于以一个修饰语来界定自己的个性、标识，来确立自己的方阵、派别，以形成自己的群落与力量吧。

“教育就是教育”在今天完全不是“什么都没说”的文字游戏，而是一种常识的回归，一种本体的言说。

我们需要什么样的“教育”？学者的兴趣，似乎不在中心语“教育”上，而从“什么样”三个字上杀出各路骠骑。

关于教育的言说太多太多是定语式的，什么“生命化教育”，什么“生本教育”，什么“人本教育”，什么“全人教育”，不一而足。

言说的开始，意味着局限的开始。光照一束，必有暗区包围。

教育，当然是人类独有的生命活动。让生命实现超越与创造，让文明得以传承与光大，这是教育的存在起点。生命自是教育的精魂。无生命即无教育。

生命自在教育中，为何又要凸显生命，甚至还是生命化教育？莫非，我们的教育原本是非生命的？或半生命的？生命化教育里的“生命化”或有相当谨严的学术界定，它可能是相对于知识化、器物化、工具化的教育而言。在人为物役，科学理性至上的当下，这样的命题不无意义。但是，从根本上说，这样的标识，依然不可避免地带着“定语式理论”的深刻局限。

放到全人类教育理论发展谱系中，它仅仅是让人们回到常识，会有新的创见吗？与此相类的定语式概念，我们都可能追问：生本教育，照亮的是“生本”一词，莫非教育原本可以不要以生为本？素质教育，绝对无法与全球教育实现深层对话，哪种教育可以不为素质提升而存在？

如果这个世界没有男人，女人这个概念就无所谓了。既然教育原来如此，何来这么多定语？

一个语词惯习反映的其实是思维定式，也是一种学术原创性的苍白。

语文教育研究中的定语思维更盛矣。诸如“深度语文”“主题语文”“诗意语文“本色语文”甚至还有什么“精致语文”者，我们不怀疑它的探索性，甚至不怀疑它的改革实效。然而，我们何必将学术制作成语词的书签？何必那么急于将一种主张凝为一个关键词？

我们小心地绕过革命，缘于对于你死我活的斗争思维的抛弃。

不同语境说革命

语词其实也像人一样，有其天然面孔，历史宿命。

比如革命。这两个字念起来由低而高，如卷席，如摇旗，如横扫，传递着革去与剪除的壮与烈，痛与快。

革命一词，从来就蓄着一股无可阻挡的力与势。与之相关的历史意象，往往是滚滚风雷，是无数激动的脸、激越的呐喊和激切的呼号。它更多地让人想起血与火的洗礼，新与旧的较量，想起信仰与鼓舞，镇压与反抗，冲锋与献身，勇猛与决绝……

在众多宏大的语词中，革命亦如革命者一样，气宇轩昂，视死如归，大义凛然。然而，这远不是革命留给我们的全部记忆。

不同历史语境中的革命意向，正如随气候变化的高山植被。

革命之名，生于中国文化最深处。

从语源上看，革命，革乃革除，命即天命。在中国古代，天子自称受天命而称帝。革命，即革去天子之命。因此，举凡朝代更替、君主易姓，皆称革命。

辛亥革命百年，我们不曾忘却中山先生的“总理遗嘱”：“革命尚未成功，同志仍需努力。”19世纪末、20世纪初，一批优秀的中国人，深切地意识到满清政府的腐败无能。他们以“驱除鞑虏，恢复中华”，“推翻满清，建立民国”为口号，燃烧着建立“中华民国”的抱负。他们集会结社，创办刊物；脚步匆匆，忧国爱民。孙中山、黄兴、蔡锷、宋教仁、陈天华、秋瑾，等等，在那个世纪之交，他们是剑胆琴心的革命者，谓之革命党——革满清之命。

那时那地，革命当是何其富有感召力的字眼！邹容的《革命军》一文，与陈天华的《猛回头》《警世钟》，都曾是令人热血沸腾的火一般的文字。

我们关于革命的历史记忆从清末开始，从谭嗣同、康有为、梁启超开始。事实上，革命从来就有。孙中山先生在《革命运动纲要》中说："革命之名字，创于孔子。中国历史，汤武之后，革命之事实，已数见不鲜矣。"一个旧王朝的覆灭，一个新王朝的建立，此间多由革命来联结。

马克思说，革命就是一个阶级推翻另一个阶级的暴力行动。暴力，意味着造反、战斗、流血，意味着颠覆和重建，意味着"舍得一身剐，敢把皇帝拉下马"。

历史的书写，很多时候被简化为革命与被革命的兴与灭。我们再也找不出任何一个语词，能像革命一样，对于历史具有如此强大的概括力。

我们理解的革命还不是泛指一个阶级推翻另一个阶级，而是特指被压迫阶级以暴力夺取政权。以这样的革命立场梳理历史，历代农民起义无一不是革命行动。从陈胜、吴广到项羽、刘邦，从李自成至洪秀全，他们的起义造反无疑都带有鲜明的革命性。

若将目光放远，革命非但是中国史的主题，亦是世界史的主题。俄国十月革命、法国大资产阶级革命、英国工业革命……革命所传递的力量似乎永远是积极的、进步的、创造的。

我们看到的，永远是革命的力量，看不到或有意忽略的却是它的破坏力。

革命如白雪铺天，总以纯洁的名义掩盖无数罪恶。在革命的取向下，历史教科书甚至不惜粉饰诸如洪秀全纵欲无度的荒淫，张献忠杀人如麻的人性之丑。

在中国现代历史的叙写中，我们所说的革命又走进了新的历史语境。它不是一般意义上的革除天命，而是专指中国共产党领导下建立新中国的革命历程。中国现代史、中共党史、中国革命史的书写从来就袭用相同的视角与框架。

革命，即中国共产党领导下的人民武装力量，推翻国民党，建立新中国的历史过程。革命与战争相连，革命战争年代几乎成为一个凝固的表达。以阶级观点表述，革命即是无产阶级与帝国主义、封建主义、资本主义的殊死斗争。其结果是，无产阶级取得胜利，社会主义新中国得以站立。

国家因革命而来。革命由一种暴力手段不自觉地上升为一种情结，一种信仰。新中国成立后，革命成为一切的价值与意义的起点与归宿，它深刻地主导着我们的思想与言说。革命泛化到所有的层面与角落。

男欢女爱是没有的，只有革命感情；项目任务是没有的，只有革命工作；恩爱夫妻是没有的，只有革命伴侣；此致敬礼是不行的，必须是致以革命的敬礼！

特别是，在毛泽东晚年错误的思想下，我们无数次坐失发展机遇，只在所谓的“无产阶级专政下继续革命”和“阶级斗争为纲”的政治斗争格局下一而再、再而三地折腾。整个国家卷入名之为“文化大革命”的巨大浩劫之中。

回想20世纪六七十年代，革命成为空洞而可怕的语词。各级党政组织，都称革命委员会，红卫兵叫革命闯将，青年的理想是永做红色革命人，学校教育的目的是培养革命事业接班人……

革命充斥于每个角落。你读书，是为革命而努力学习；你做眼保操，是为革命保护视力；你结婚，是为革命组织家庭；你生孩子，是为革命而生育；你写文章，是不同于封资修的革命文艺……

人们天天将革命放在口头，却不知革命究竟为何物。我们只是以阶级斗争的革命思维来面对那个贫穷、单调与愚昧的世界。

此时的革命，成为空洞的政治概念，斫削个性与思想的话语套子，假大空的形式。它与激情无关，与信仰无关，与勇敢、智慧都无关。它是那抽去了生命质素的话语木乃伊。

不知从何时起，革命渐渐从公共话语中隐去。

除了偶尔谈及技术革命、思想革命、知识革命之类，也悄然远离了政治话语、政策文本。在泛滥中异化的革命，似乎失去了自己原有的表达力，就像一个人失去了淋漓的生命元气一样。

我们小心地绕过革命，缘于对于你死我活的斗争思维的抛弃。在世界皆为村落的互联网时代，我们一刻都离不开对话，一刻都离不开共赢。我们无法画地为牢，自说自话。我们相信亦期待着人类最美好的普适价值！所有这一切，都不是简单的革命二字所能传达的。

头顶上的眼睛，历史深处的那双眼睛，是给我们带来抚慰，还是讥讽？

相看两不厌

现代哲学忽然对那些高深玄妙的语词失去兴趣，这并不意味着理性思辨无须概念的支撑。越来越多的日常语词正被哲学诠释出前所未有的深刻与丰富，就像城墙根某一块不起眼的青砖见证着一个遥远的时代一样。生活语词的哲学化，是不是哲学走向生活的一种流露？

由生活而哲学的语词实在太多：诸如生命、交往、对话、存在、他者，无一不是。琢之磨之，它们都于平常中见出幽深，每个语词都足以激活一套全新的话语体系。

在哲学理解中，对话显然不只是互动式的言说过程。

对话，可以描述为世界与人生的存在方式，亦可理解为我、你、他之间的主体关系，它端居山顶，具有本体意义和世界视野。论对话，自然会想到语言的参与。

若问对话所依凭的语言是不是一定要有声？没有声音的语言也参与对话吗？从生命的存在方式思考，对话无疑是主体与主体间彼此独立、彼此尊重、彼此沟通、彼此共鸣的状态，它包括有声的话语，亦无法排斥无声的眼神、表情、态势。

再问对话是否一定基于语言，一定发生于人与人之间？人与万物之间的理解共鸣是不是对话？从主体关系上看，正如引力是万有的一样，对话亦是万有的。

对话，这个寻常语词拥有了无可比拟的思想力。它是我们对隔绝、封闭、孤独、本质主义与单子主义的抵御与颠覆。

李白有诗：相看两不厌，只有敬亭山。

在这里，看，与其说是一个动作，一种神态，不如说是一种语言。我与敬亭山之间，不是看与被看，而是心与心的交流，眼光与眼光的对话。

这种超然物我的诗意与哲理，产生出无法抗拒的精神召唤。

我以深情而眷恋的目光看着敬亭山，敬亭山呢，她以同样深情而眷恋的目光看着我。所有的对话与理解，全在一个“看”字，全在那一双永远在说话的眼睛。

世界上还有太多太多的眼睛，我们并不曾意识到。

从公园的春天走过，看身边的那棵树，它的生命见证着季节的轮回。春来新叶可人，秋去黄叶飘零。它在春秋代序中，长高，变粗，渐渐老去。这是你看树的过程。现在，我们试着将单向度的看变成“相看”。你在看树的时候，想象一下：树也在“看”我们。它看到的是什么呢？这个日日从我身边走过的男人，曾经是个快乐的青年，一个人无忧无虑地走过；后来呢，结婚了，跟他的爱侣携手走过；再后来呢，两个人牵着一个男孩走过。男人与女人，渐渐地，头上有了白发，孩子比他们高大。于是，树“看”你，与你“看”树的意象有着惊人的相似——都是生命的代谢。

你看到树的花开叶落，树看你的生老病死。

不要以为你是人类，是万物之灵，你就是世界的中心，你就是存在的意义与本质。树在它的世界里，它也是中心，也是本质。因为，它也有一双“眼睛”。你看它的时候，它也看你。

世界，因无数莫名的眼睛，而变得前所未有的丰富而神秘。

你回望历史，需要架通今日与昨天的眼睛。然而，你从今天往昨天看的时候，是否发现，昨天也有一双眼睛看着当下呢？你仰望星空，是否看到星空里有注视我们的眼睛，无数先人的眼睛？你憧憬未来，是否感到未来也在凝视着你？

看看那些眼神吧。头顶上的眼睛，历史深处的那双眼睛，是给我们带来抚慰，还是讥讽？

历史与现实之间，相看两不厌。不厌，不是不厌倦，不厌烦，而是不满足，很沉醉。

这是一种境界。它不仅让我们将自己放到世间万物、与各色人等多维对话的格局与坐标上。更重要的是，它还让我们活在历史、当下与未来的节点上。如果你愿深究，“相看两不厌”甚至也可以是你自己看自己，今日之我与昨日之我的相看，相问，相呼，相应。

我们注视着世界，亦在无数眼睛的注视中。

这是关注的力量，期待的力量，内省的力量。

相看两不厌。世界不只是空间的无限，还有意境的无极。

第五辑　生命的另一种五行与四季

阅读：怎样一种力

知识就是力量。

力量，很多时候暗示着征服与改变。它有其固有的方向，亦如一个箭头，由我指向世界。

我们试图以改变世界的多少来权衡一种力量的强弱。

力量令人渴求。因为，生命原本脆弱。

沧海桑田，那是自然的力量；上天入地，那是科技的力量；春华秋实，那是生命的力量；源远流长，那是文化的力量……几乎所有关于力量的造句，都伴随着强烈的“力量崇拜”而悄然风行。

思想与信仰，梦想与精神，道德与真情，理性与逻辑，想象与思辨，所有隐性的、显性的、硬性的、软性的存在都能描述为力量。甚至，连神秘与未知亦构成一种召唤，召唤也是力量。

莫非，力竟是这个世界的本原？抑或，我们的生命是以力的方式来确证它的存在意义？

阅读，确实是一种力量，一种亘古而永恒的力量。我们是否可以追问一句：阅读到底是一种怎样的力量？

从八股取士到学而优则仕，在几千年的价值黑屋里，阅读从来就与实用和功利相连——书中自有黄金屋，书中自有颜如玉。在功利的驱使下，阅读的力量，汲取是为了攫取，探求是为了索求，出众是为了服众，黄卷青灯是为了金榜题名。功利成为阅读的起搏器。在实用的价值体系里，读书的力量与挥着斧子伐木取火的力量似乎无异，它们都是在改变现世的生存。

不能说功利阅读就不是力量。然而，它只是一种手段的力量，而非目的的力量。阅读的力量仅仅是这样一种力量吗？仅仅是这种外求型力量吗？也许还无法对功利阅读给予轻曼和鄙夷，这种过程里或多或少也混合心灵的顿悟与启迪的深入。然而，从本质上看，功利阅读终归无法抵达生命的本质。

生命的本质是什么呢？就是独立，自由，幸福，美好；就是活得有尊严，有悲悯，有责任，有大爱。这一切，无不指向个体的精神世界。因此，作为一种力量，阅读的方向不应是外求的，而当是内省的；不应是外加的，而当是内生的；不应是外显的，而当是内隐的。阅读是建立在累积与觉悟基础上的一种内力，它的价值指向不是从他者那里去求取什么，而是自我精神生长、精神生活的一种方式，一种生命由形下追逐到形上关怀的境界提升。

强健的臂膀，彰显身体的力量；强大的心灵，见证阅读的力量。

越是没有功利的阅读越能涵养人的性灵，阅读是生命超越的力量。作为一种内力，阅读的力量是生长性的。真正的读书人不以获取知识为鹄的，不以技能训练为指归，而以兴味涵泳、人格滋养为本真。他像古典诗境里那个乘兴而来、尽兴而归的隐逸者，自觉远离功利的推手，让思想在白云深处放歌起舞。这样的力量，或许一时还难于对应具体的、世俗的目标，但，这种力量从来不会消逝。一点一滴，一页一行。

阅读的力量，以生长的方式变得强大。你看不到这种内力壮大的过程，只有那颗日益聪慧的心能够感知。播种，发芽，长叶，开花，结果……阅读的力量就这样伴随着个体生命成长的全过程。因此，一种生长性的阅读力，对于个人的人生发展所改变的决不是一时一事的投机，而是整体性的、终身性的影响。

阅读是一种让心灵强大、精神强大、人格强大的内力。个体如此，群体亦然。

一个民族的阅读生活现状往往是这个民族精神世界的写照，是这个民族力量最持久的表达方式与存在方式。一个在地铁里读哲学和文学的民族，一定是令人肃然起敬的。一个城市、一个社区、一个机关、一所学校、一个职业群落精神状态的显形，它们的整体品质、核心灵魂与可持续发展的力量，无一不因阅读而铸就。

阅读是一种力量。那姿势，不是挥手向外的思想握拳，而是掌心向内的心灵抚慰。

教师有节莫失“节”

教师节，专为教师而设的节日，始于公元1984年。

难道未设教师节之前的几千年岁月，国人就不懂尊师与重教？非也。

供于中堂的“天地君亲师”牌位，让为人师表的尊荣与神圣，在天人合一、家国合一的伦理大德中获得了永恒的确证。如此精神地位，似乎不亚于西方社会黑衣白面的心灵牧师、治病救人的医师和确保人间公正的律师。

沿着这样的逻辑，教师成为社会的良心、教育成为我们的信仰，似乎也不是痴人说梦。

然而，教师的这种至尊更多地只是伦理预设与精神虚拟，在现世的权钱色利围攻下，在唯上唯权的文化染缸里，教师理想的面相逐渐蒙上了世俗的尘埃。

这是一种文化必然。“天地君亲师”，与其说是对教师地位的抬举，不如说是位序的凝固，类似于君臣父子。天地君亲是无可动摇的心灵结构，这种结构如何传承万代而不息？唯教师也。

我们不能只从“天地君亲师”里看到教师的神圣光环，而看不到此中对于皇权、父权及相应的专制和等级的崇拜。

官本位至上的文化基因注定了教师与其他职业一样，成为依附性存在，不只是依附于天地君亲，更依附于现实的功利法则。

奴隶或皇权专制的社会里，有几个当教师的不是面有菜色？即令是孔子这样的至圣先师，当年也是驾着牛车在政治权力间东奔西跑，“急急如丧家之犬”。教师上了神匾供奉又如何？他亦常人，一样需要糊口养家，生儿育女。

安贫乐道，属于个人的道德修为。一个理性的社会，不能寄望于简单地鼓励教师在清贫中守望，而应从制度与法律层面奠定教师作为公民的现实待遇与精神位置。离开这一套体系保障，文化的失重，社会的疯狂，首先就会表现在教师身上。

文革中，教师被称为臭老九，诸如剃阴阳头、游街之类的被侮辱、被欺凌、被践踏、被惩死的骇人的事件，还少吗？难道那时的人们都忘了“天地君亲师”的古训？

20世纪80年代设立教师节，正是我们这个国度以“尊重知识、尊重人才”的方式来校正极左政治的错误，以接续几千年师道尊严的思想正脉。

在我看来，设置这样一个节，它更像一个重大的历史节点，告别蒙昧，回归文明；告别疯狂，回归理性的时代节点。

教师有“节”可过。此节，乃节日之节。这个日子，意在表达全社会对于教师的特别敬重和特别期待。

然而，在今天，教育之乱象丛生也是痛心的现实。一些教师不再是校园和社会的良心，他们视学生为学校权力绑架下的资源，在利益驱动下，不惜与蝇头私利合谋。挑战师德底线者，不乏其事。以向培训学校介绍学生来获取回扣者有之，为了教辅稿酬、发行回扣或与书商勾结者有之；教学心不在焉，周末和假期却疯狂有偿补课、家教与家养者有之……

金钱腐蚀着灵魂，师德匍匐于功利，那些关于教师的温暖记忆开始变得模糊。

歌声中的渡船、米兰、红烛，如今到底还是多少教师的精神写照？

在整个社会存在道德与诚信危机的当下，太多的短视浮躁与利令智昏。教师的师德问题折射整个社会的黑洞。物质越来越丰富，精神却开始走向虚空。人们越是疯狂地攫取，越是表达内心对于未来的恐慌。底线一再突破，神圣开始沉沦。且不要说自己被眼下的滚滚功利裹挟而行，终归，上述行为已让为人之师者失去了教师的“节”。

此节，不是节日的节，而是节操的节，气节的节。

教师有节，是社会之幸；教师失“节”，乃社会之病。

用什么丈量教育的深度

当速度成为一个时代的自我标榜，当规模异化为一连串的数据崇拜，急功近利、心浮气躁便成为一种裹挟和席卷的力量，我们身陷其中却无力自拔。

马不停蹄，风驰电掣，日新月异……这些都是速度之美。速度之美，在于超越和刷新。

速度，这个看似平静的语词，其实涌动着以快为尊的价值取向。特别是，当速度与功利、竞技相绑定的时候，我们宁愿随波逐流地飘浮，也不愿放慢脚步，等一等那些安静的灵魂。

揠苗助长，其实是对速度至上者的嘲讽。当速度成为成长、成为生命的唯一向度，成长就会遭受灾难，生命很快走向枯萎。这样的自然之道与教育之道，居然被忽略得如此严重，这，或许缘于人性的虚荣与幻觉。睿智的古人，不得不借重寓言向当世与后来者提醒这一道最基本的生命命题。

问一问当下的中国教育，揠苗助长式的速度崇拜是否得到了遏制？

睁眼看看那些书包沉重而面色苍白的中学生，会知道什么叫应试教育下的“贪多求快”，什么叫精英教育下的“过度开采”。速度，早已让万千师生的心，伤痕累累。谁都在叫苦，谁都在喊累，然而，似乎谁又停不下来。

在手制的“速度偶像”中，我们无暇让自己的教育理解回归人性的深处。当下，最大的教育病正在于“教育速度”的张扬和“教育深度”的缺失。

速度与深度的指向不一。“速度”所参照的是外在的物象，而“深度”所秉持的是自我的根基。

教育的深度，是思想穿透的深度，是人性抵达的深度，是心灵呼应的深度。

见微而知著。在教育生活中，越是小小的细节，越能丈量这样的深度。

教育的深度不以言辞显示，而要用你那颗真诚的心去丈量：为孩子想多远，想多深，想多美，这些都见证着你对“教育是心灵的艺术”之理解有多深。

一位物理特级教师，多次指导他的学生在国际物理奥赛上获得金牌。后来，他做了一所中学的校长。很惊讶于这个理科出身的校长，他的心中却燃烧着炽烈的人文情怀。他说，教育就是要为孩子想一辈子。想得多深，就是教育的深度。

他跟我谈起学校新近发生的一个差点成了“事故”的事件，话语里充满了感慨。

学校有个住校的女生，因为背地里“拿”同学的手机，被同学发现。班主任老师当然找她来谈话。意想不到的事情发生了：这个孩子什么信息也不曾留下，一气之下就离校出走。家长赶到学校，径直赶到校长室，哭着向学校要人。校长一面极力安慰家长，一面当即成立寻人小组。十多名领导和老师，组成六个分队，在大街小巷所有可能的地方挨家挨户寻找，网吧、酒吧、旅店……

就这样，整整找了一个星期。

每天都步行寻找，从夜幕降临至凌晨一两点，甚至四点。在这种痛苦的寻找过程中，不断有人生出种种抱怨、叹息、牢骚，说找到孩子一定要训训她，好好处理她。校长没说话，他默默地找。他只有一个信念，一定要尽快找到这个孩子。终于，第七天夜里，他们在一家小店找到了这个一脸稚气的女生。

在第一时间看到女生的时候，校长百感交集，眼泪夺眶而出。此时，几乎所有的人，包括这个孩子的父母都在等待着校长的处理结果。

校长的决定出乎意料：他绝不让任何人对女生说一个“偷”字，不让任何人给她呵斥与指责，更没有提出让她转学。只是，他轻轻地跟家长、跟孩子说，找到就放心了，明天来学校上课。

像什么也没有发生，孩子进了教室。心灵是有感应的，孩子的表现异乎寻常的好。校长告诉我：当初这个孩子选择了学校，并且进了这所学校，那就意味着我们有责任、有能力来陪伴她，来感化她，来转变她，来相信她。这就是教育的力量，教育的深度。

如果只是简单地劝其退学或转学，那除了证明教育的简单、学校的无能之外，还能说明什么呢？更重要的是，对一所学校来说，这个孩子也许只是千分之一的个案，而对这个孩子的家庭来说，则是百分百的全部。

我们有什么理由只给她粗暴而不给她机会！

将孩子推向他处，最简单处理的背后见出最肤浅的功利；将孩子捧在心上，最麻烦的表象之后有最深远的关怀。

因为懂得，所以慈悲。这不是谈的爱情，而是教育。

速度，有目共睹；深度，用心方知。

思想的怯弱与话语的平庸

话语其实不是身上的衣衫，而是你的姿容、胸怀与性情。有些话语，就像最优秀的歌手，一起调，就叩着我们的心门。阅读与聆听成为情不自禁。

一句经典的唐诗，一段智慧的古文，甚至只是一条折射社会现实的短信，一个网络流传的段子。或古远，或切近，它们不飘，不浮，静静地，贴着这颗真实的心。

太多的话语如物之类聚、人之群分，各得其所，各显其用。

诗性者，系于性灵；实用者，骋于公文；学术者，安于论著；舆论者，哗然公众；宏大者，见诸报告；私语者，透着个性。

目的相殊，话语有异；语境有别，话语殊途。这是人类言说的宿命。

无论哪种话语，无论何时言说，唯有识之真、思之真、情之真方可动人。

此为迥异中的大同，指向人心。

言为心之声。由自己的心抵达他人的心，这不是什么高深的法则，乃言说的常识。然而，我们经常有意识地回避常识，甚至不得不将这样的常识打入冷宫。

有一类话语，名曰材料体。揣测长官意志而撰，往往封于宾馆通宵垒成。即令是一所小学，校长的汇报都可能打上这种材料的烙印，上行下效，层层相因。

此等话语，从语词到句式铺成一条灰白大道，上下相贯，一望无余。结构板滞僵化，严守八股。段首多为总句，分论列阵而行。在这种整饰中，随处可见的便是那文饰的逻辑营建和斫削的思想平庸。

与其说这是承载思想的话语，不如说是修辞里的意淫。

在这里，你想不到汉语可以如此平庸，想不到平庸的言说可以将个性隐匿得天衣无缝。这样言说的结果当然有最大的回报，那就是风险归零，价值无涉，四平八稳。说不出它的好，又指不出它的坏。文字一堆，却于慷慨激昂中的失语。

生活不都是讲台与演说。或许言说者也不愿照本而宣科，无数的力量令他别无选择。思想与个性，似乎只属于安静的一隅。

语言，是不是有腐烂与衰弱的时候？

在一个失去生命元气与底气的言说者那里，平庸的言说不可能表达信念，而可能泄露敷衍与怯弱。

与这种八股形成反衬的是另一种思想言说。在那样的话语里，你听到的是真与诚，是人生的豪气与对历史对未来的自信，那里有来自心灵深处的价值认同。

这样的话语，绝不是套子，而是真实的生命之声。它从来不排除言说者的个人体验，不排除那些生动的情境与细节。

它的表达里有信仰，追寻，深情，因此，有定力。

什么时候，我们可能尽量抛弃那些精致的语词归纳，开始以自己认同而公民信赖的方式来说话？

这远不只是关于语言，而是关于言说的情怀与信心。

“不”的背后

由思想禁锢到思想自由，由万马齐喑到众声合唱，我们如同从黑的梦中发现了窗外曙色。打开窗子，且以最大的肺活量，对世界说：“不——”。

20世纪80年代初，或许是那场浩劫所摧毁的美好太多，似乎是第一次，人们不再低眉，不再点头，不再顺眼，不再沉默，不再相信。感觉就像站在肃杀的荒原，站在不堪回首的岁月巷口，喉咙里爆出一个强音：“不!”

是的，我们“不”。

多么好的“不”！它如春雷滚滚，以理性洞穿荒谬，以独立击倒迷狂，以个性拯救失语，以掂在手心的责任和未曾冷去的血唤醒那沉默而痛楚的大地。

告诉你吧，世界
我——不——相——信!
纵使你脚下有一千名挑战者，
那就把我算作第一千零一名。

我不相信天是蓝的，
我不相信雷的回声，
我不相信梦是假的，
我不相信死无报应。

在那早春的料峭里，这个如此锐利地喊出《我不相信》的，叫赵振开。其时，他还是北京的一个工人。他就是朦胧诗代表人物北岛。

直到今天，这样的声音依然回荡在时光与心灵的山谷，甚至还有那重金属般的质地和正午阳光射穿林莽的那种穿透感。

由迷信到不相信。这一声“不”，是何等倔犟与自立的思想姿态！后来，记得有一本叫《中国可以说“不”》的畅销书。仅仅这个书名，一夜之间，就鼓噪着无数年轻的心跃跃欲试。说“不”的声音，似乎启开千百年来层层累积的唯唯诺诺，启开那些烟尘与枷锁。

那时那地，“不”这个曾经刺目的字眼，如一颗倔犟的头，一双执著的眼，一个攥紧的拳，一个转身的背影，一次绝然的告别，让人们回到自己，回到真实的自己。

说“不”，不是追逐话语的时尚，而是为了知识者内心的真实，梦想的不死，人格的独立。

说“不”，是批判与理性，否定与怀疑，探索与开创，一种“吾爱吾师，吾更爱真理”的情怀。

30年过去。说“不”的声音不绝如缕。然而，出现了许多新的关于“不”的造句。

由不相信到不作为，常态异化为怪象，理想掩埋于功利和感官。没有人朗诵心中的激昂，在一片叫辛苦、怨待遇、喊加薪的涣散里，在追求速度、追求指标、追求轰动的浮躁里，在上下左右彼此忽悠的迷醉里，激情开始冷却。人们不再是不相信，而是不想，不问，不作为。

“不”字成为一种离开根本、悖离常识、消解责任的社会反讽。

农民不种田，工人不生产，医师不看病，记者不写文章，校长不上课，教师不改作业，编辑不看稿子……

作家不搞创作，科学家不搞实验，教育家不进课堂，行政官员不到基层，商人不讲诚信，学生没有休息；

天不湛蓝，水不甘甜，田园不像田园，小镇不是小镇；

家长不像家长，孩子不像孩子，传统不成传统，民风不再民风；

论文不是论文，专著不是专著，课题不是课题；

人不是人，鬼不是鬼，神不是神；

广告不是广告，文凭不是文凭，食品不是食品……

由不相信到不作为，我们到底有没有一个“控”？

这么多的“不”，指向生活态度的反常，指向价值观念的变异，指向精神世界的沦陷。

说“不”的时候，思想在独立的路径上行走。如此不作为，是不是理性、信仰与坚守，遇到了墙，遇到拐角，让它们停止了飞翔，让他们疲劳地舔舐着流血的伤口？

如果海洋注定要决堤，
就让所有的苦水都注入我心中，
如果陆地注定要上升，
就让人类重新选择生存的峰顶。
新的转机和闪闪星斗，
正在缀满没有遮拦的天空。
那是五千年的象形文字，
那是未来人们凝视的眼睛。

还是北岛的声音。

在现实与历史之上，未来还有那一双深深的眼睛。它们，让生命走向崇高，让社会走向理性。

时间是生命的计量

2012. 1. 1，这是今日的时间显示，它显示于塔顶的钟，腕上的表，显示于电脑、手机以及各种广告界面和电子屏。

这个日子叫元旦，新年的开始。因为这，它注定被人间的祝福与祈祷重新定义它的象征性和暗示力。

旧岁与新年，告别与迎候，历史与未来，似乎都在钟声响起的那一秒。是否谛听到时光交替的那份悦耳和神圣？

只有在这样的时刻，才会奇异地感觉：时光并非物理的计量，而是生命的计量。时间不是人类的发明，却是人类的赋予。

如果哪一天我们完全失去了时间表达的话语、规范与系统；或者，如果我们哪天完全失去了共通的时间意识，那么，我们所失去的决不是物理计量的表达式，而是一种有限度、有终点活着的生命紧迫感和匆忙感。

时间观的丢失，其实就是生命观的丢失。所谓“山中无甲子，岁月不知年”，那一定不是真实的人间，而是凌云的仙界。

子在川上曰：逝者如斯夫。我们不乏关于时间的诗性隐喻。然而，当我们将时间量化为钟点之后，现代人不知不觉地会将时间视为物理的计量单位。

物理计量的时间，就是那个等幅的摆，无始亦无终、保持恒定速率的往前走，以不变的滴答滴答，或隐或显地击打节拍。

这样的时间，可能让你想起一条无形的尺子，时间是那尺上的刻度。这把尺子，如笔直的道路一样伸向不可知的远方。

物理计量下的时间，为生命所提供的无非是一种工具，一种手段，一个参照系。它如此理性，如此客观，全然成为一种非生命。

非生命的时间，不可能有表情、有气息、有温度，当然也就没有心跳，没有由心跳所决定的生命节奏。

时间成为日历上没有个人定义、只有公共普适的一行数字，一个节点，一种标识。

物理计量下的时间，不再是东逝的流水，不再是花开花谢，不再是更深露重。在科学与规范的意义下，时光之河上所有的激越或柔情，均如浪花死去。

无声的流动。正如夜色或晨光，加深或启程。

然而，时间果然只是这样存在吗？如果真是这样，每个日子里全如电脑编程，只有自动，只有相同。一切，都失去了对生命的恭敬，亦失去了对自我的敬重。

每到岁末年初，对于时间我们总会无端生出一种微妙而幽远的感受。岁末，挤满了各种年度总结与回眸，年尾的日子总显得特别紧张，特别局促，走路不得不风火，连呼吸都在传递忙碌的气息，时间如粗重的G大调。

仅仅只需一夜，新年伊始。阳光照着山河，照着满坡即将长出嫩叶的冬树。忽然觉得，日子原来这般舒缓，这么从容，山野不会因为你不奔跑，不追赶，而生出寂寞。时间其实也可以如柔缓的夜曲。

懂得时间是一种个人感觉，时间就开始成为生命的计量。我们开始用心灵、用自己的价值观来重新界定这些分分秒秒。

当你爱着自己的那一份事情，你可能会情不自禁沉醉其中而浑然不觉，那时候时间不是丈量深浅的刻度，你在忘我的同时忘却了时间；当你与自己心仪相爱的人一起谈笑，从树影班驳的午后到明月惊鹊的深夜，你甚至恨着时间总是走得太快。时间，不在生命之外，而是生命的构成。

心跳就是节奏，心态决定速度，心境标识深度。这，就是以生命计量的时间。

这样的时间，不是实验室里的匀速直线，而是天高地远的飞翔，柳暗花明的行走。行当所以行，止当所以止。行到水穷处，坐看云起时。从此，你的表情，就是时间的表情；你的呼吸，就是时间的呼吸；你的声音，就是时间的声音。你的温度、厚度与高度，就是时间的温度、厚度与高度。

时间存在于他处的时候，那只是物理计量；时间存在于自我的时候，这才是生命计量。你可以定义时间的长短，正如你可以定义生命的长短。

当时间成为生命的计量，它不再只是滴答前行的声响。作为生命计量的时间，每个日子如画，流动着或绚丽或沉着的色彩；每个日子如花，绽放出或浓郁或淡雅的气味；每个日子如精灵，或轻盈凌波或野性奔放。

生命的时间，成为一种美的自觉，一种个人性情和执著力量。

忽而想起丰子恺先生的那幅有名的漫画《人散后，一天新月凉如水》。

常人审美，莫不偏爱月圆和花好，良宵与欢聚，雅士们更喜品文袭茶香，谈诗应酒兴。这些都是浮生的欢娱吧。以丰先生的艺术情致和造诣，其生命雅聚定然不少。为何先生竟要以一幅漫画来表达人散之后的茶桌、椅子、梧桐、星月与苍天？难道“散”里会蕴着一种生命与艺术的张力，难道“散”亦是一种美丽？

从生命计量的时间来说，“散”的美丽或许关乎宇宙和人生，接近宗教的圣境。“散”，是此时此事此景此生的消散，一去不返的消散，“散”的前提一定是“聚”。聚散有缘而无恒定，这就是人生，亦是生命。人，都是一段有限的岁月，不满百的一条线段。一拨一拨，一代一代，我们终将“散去”，人间终将换新。这是何等惊心动魄的一种“散”啊。“散”之后呢，宇宙依然是美丽而永恒的存在。新月如新，如水的夜色如新。当“生命的有限”置于“宇宙的无垠”之中，一种生命的苍茫感让你彻头彻尾地意识到时间真的是生命的计量，它不只是数字所标识的日子。

时间是生命的计量。所有的过往，无论我们看得如何清晰，记得如何深入骨髓，终归，那是回不去的过往。就像一篇永远无法激活的文档，你可以一遍一遍地读，却仅仅只能读，无法改写。要写，都得从新建文档开始，从下一行开始。

上一行是历史，下一行就是未来。时间就这样铺展，这样流逝。

这，就是我们的——生命。

生命的另一种五行与四季

金、木、水、火、土，是为五行。天人不息之道，在乎此。

春、夏、秋、冬，是为四季，岁月代谢之美，出于斯。

读书，其实是生命的另一种五行与四季。

读书之力是金。金之力，令我们联想到烈火真金的陶冶。陶冶之于人性的改变，正缘于成长的未定性与生命的可塑性，此为读书存在之前提。读书之生命力，尚非陶冶的机械制作工艺，而是为天地立心的生命过程。将读书喻之为金，意味着这是一种金色的、金质的力量。如果保持着读书的习惯，那么，我们的每个日子都可以镶上一圈金色的光边，即使遭遇生命之逆境，你的世界里依然会有一缕金色光的穿透，你的窗前一定开着美丽的金色花。

读书之力是木。树木为生命，却不像人这样有语言，有思想，有文化，有生存世界之外的意义世界。读书如呼吸，正如树木之于阳光。读书之力，不止于对外部世界的改造，更在于心灵世界的完善。木，是生长的。因此，阅读之力不是由内而外的爆发，恰恰是由外而内的累积。阅读，不是展示力度的思想握拳，而是体验温度的心灵抚慰。

读书之力是水。水是时光的意象，历史的意象，生命流逝的意象。正如世间没有山可以阻挡水的奔流，同样没有人可以剥夺你读书的权力。水对于生命的影响力，在于润泽，在于滋养。特别是，阅读的力量，不是那张弓搭箭的穿透力，而是这种水滴石穿的柔性力。当然，水之性也并非只有柔性的润泽，它也可以荡涤。荡涤旧有的思想，知识的沉渣，而保持思想与思维的鲜活，保持着那种清醒的饥饿感，而不是盲目的满足感。

读书之力是火。文明之“文”，其上一点，乃象火之形。如果说人生是一场夜行，那么读书便是手中的火把或头顶的星空。那些真正有胆识有洞见的书籍，往往会从不同的侧面还原真实，让我们不再背负思想与定论的框架与外壳。让观点不再掩埋事实，让时间不断发掘真相。读书之火，令人想起燃烧与照亮。唯有阅读和思考，才能让自己的激情燃烧起来，也才能以心发现心，以火点燃火。我们都是自己的普罗米修斯，都是生命的盗火者。

读书之力是土。一方水土，养一方人。泥土的力量，就是孕育的力量，催生的力量。这就意味着，读书的过程一定不是水上的飘浮，而是泥里的沉潜，一定不是急功近利的呼啸与标榜，而是入地三尺的笃定。它不会满足于追逐，而在于以思想犁开观念的表层。土地是每个人的故园，因此，阅读也是我们心灵的回乡，是关于心灵故乡的深情守望。

读书，就这样成为五行，成为我们对于未知与命运的占卜。然而，“五行”所标识的还只是读书是一种宿命，真正彰显读书境界的却是这样的“生命的四季”。

读书不只求吸收，更在于感发与创生，正如春之原野。联想如蝶，触类如根茎枝桠，生生不息。读书的最高幸福，在于闻一而知十，触类而旁通的过程里。

读书不只求认同，更在于仰望与追寻，正如夏之星空。明月繁星，那是一种哲学的境界。仰望之，心存敬畏；追寻之，心仪崇高。从此，生命里多了一份高远而神秘的感召，多了一只俯察人世万象的眼睛。

读书不只求浏览，更求由融通与澄明，如秋之清江。读书求通达。通生活，达人心。洗却杂念，去除陈见，是为澡雪精神。

读书不只求知悉，更求反思与修行，如冬之雪岭。反思现实，反思常识，反思自我。我们以反思作为精神成全的方式，修行生命。这样的过程，正如“窗含西岭千秋雪”——“窗含”世界，“窗含”历史。“窗含”人生。窗内是你的心智与向往，窗外则是雪岭的轻寒与纯洁，雪径的蜒蜒和艰辛。

山岭上有雪。那是冬天的冷，亦是春天的瑞。

冬天来了，春天还会远吗？

图书在版编目（CIP）数据

话里有话：词语文化笔记/黄耀红著. —长沙：湖南教育出版社，2012.11
ISBN 978-7-5539-0128-2

I. ①话… Ⅱ. ①黄… Ⅲ. ①汉语—词语—研究 Ⅳ. ①H13

中国版本图书馆 CIP 数据核字（2012）第 265223 号

书　　名	话里有话　词语文化笔记
作　　者	黄耀红
责任编辑	李　军
责任校对	张　征
出版发行	湖南教育出版社发行（长沙市韶山北路 443 号）
网　　址	http://www.hneph.com　http://www.shoulai.cn
电子邮箱	228411705@qq.com
客　　服	电话 0731—85486742　QQ228411705
经　　销	湖南省新华书店
印　　刷	湖南天闻新华印务邵阳有限公司
开　　本	710×1000　16 开
印　　张	11
字　　数	163 000
版　　次	2012 年 11 月第 1 版第 1 次印刷
书　　号	ISBN 978-7-5539-0128-2
定　　价	27.50 元